당신의 생각을 정리해드립니다

인생을 바꾸는 생각정리스킬

당신의 생각을 정리해 드립니다

복주환 지음

비즈니스북스

당신의 생각을 정리해드립니다

1판 1쇄 발행 2021년 3월 16일
1판 14쇄 발행 2023년 1월 26일

지은이 | 복주환
발행인 | 홍영태
편집인 | 김미란
발행처 | (주)비즈니스북스
등 록 | 제2000-000225호(2000년 2월 28일)
주 소 | 03991 서울시 마포구 월드컵북로6길 3 이노베이스빌딩 7층
전 화 | (02)338-9449
팩 스 | (02)338-6543
대표메일 | bb@businessbooks.co.kr
홈페이지 | http://www.businessbooks.co.kr
블로그 | http://blog.naver.com/biz_books
페이스북 | thebizbooks
ISBN 979-11-6254-204-0 03190

당신의 생각을
정리해드립니다

"머릿속이 너무 복잡해요. 쓸데없는 생각들을 비워내고 싶어요."

"나만의 사업을 준비해서 돈을 많이 벌고 싶어요."

"시간관리를 잘해서 하루 24시간을 알차게 쓰고 싶어요."

"올해는 꼭 목표를 끝까지 이뤄내고 싶어요."

"내 문제를 스스로 해결하는 방법을 배우고 싶어요."

"힘들었던 과거는 잊고 인생을 새롭게 시작하고 싶어요."

나를 찾아오는 사람들이 주로 하는 말이다. 그들은 인생에서 원하는 것을 이루고자 생각정리를 잘하고 싶어 한다.

우리는 살아가면서 수많은 생각을 한다. 미국의 심리학자 섀드 헴스테터Shad Helmstetter 박사는 사람이 하루에 5만에서 7만 가지의 생각을 한다고 말했다. 또 미국 국립과학재단National Science Foundation의 연구에 따르면, 사람은 하루에 수만 가지의 생각을 하는데, 그중 80퍼센트는 부정적인 생각이라고 한다. 흥미로운 점은, 생각의 95퍼센트가 어제 한 생각과 완전히 일치한다는 것이다. 이런 연구를 통해 사람은 부정적인 생각에 집중하고, 반복하는 경향성이 있다는 것을 알 수 있다.

한번 생각해보자. 어떤 일을 시작할 때, '나는 잘할 수 있어!'라는 생각이 드는가? 보통은 '내가 과연 할 수 있을까?', '다른 사람들도 많이 실패했다던데, 나도 실패하면 어쩌지?', '나같이 평범한 사람이 성공할 수 있을까?' 등 부정적인 생각이 더 많이 떠오를 것이다.

지극히 자연스러운 반응이다. 인간은 누구나 불확실한 미래에 대한 두려움이 있다. 우리는 보통 새로운 것을 시도하기보다 현재의 안정을 지키는 데 신경을 쓴다. 너무나 소중한 나 자신을 실패로부터 보호하려는 것이다. 미래에 대한 부정적인 생각들은 이렇게 현재의 나를 지키고자 만들어진다. 안타까운 사실은 그런 부정적인 생각들로 인해 오히려 미래를 바꿀 수 있는 수많은 기회들을 놓치는 경우가 많다는 것이다.

부정적인 생각과 머릿속에서 복잡하게 뒤엉킨 생각들을 어떤 식으로든 정리하지 않으면 우리는 앞으로 나아갈 수 없다. 집 안도 정리를 해야 공간을 제대로 쓸 수 있듯, 머릿속 생각도 정리를 해야 어떤 일이든 제대로 시작할 수 있다.

우리의 말, 글, 행동은 모두 생각에서부터 시작된다. 두서없이 생각하면 말에도 두서가 없고, 아무렇게나 생각하면서 글을 쓰면 글에서 논리를 찾기 어렵다. 생각이 복잡하면 행동도 산만해 좋은 성과를 내지 못한다. 일단 우리 머릿속의 생각을 잘 정리해야 목표설정도, 시간관리도, 문제해결도, 아이디어 기획도 잘할 수 있다. 생각을 정리하는 방법을 제대로 알게 되면 부정적인 생각을 긍정적인 생각으로, 쓸데없는 아이디어를 쓸모 있는 아이디어로 바꿀 수 있다.

대부분의 사람들은 생각을 '그냥 떠오르는 것', '자연스럽게 흘러가는 것', '통제할 수 없는 것'이라고 믿어 왔다. 하지만 이는 사실이 아니다. 우리는 생각을 통제할 수 있다. 우리는 원하는 만큼 생각을 구체화하고 체계화할 수 있다. 얼마든지 쓸모 있는 아이디어를 만들어낼 수 있으며 어떤 문제든 멋지게 해결할 수 있다. 우리의 뇌는 무한한 능력을 갖고 있으며 생각한 대로 이루어낼 수 있는 힘이 있다. 이처럼 생각을 제대로 정리하는 방법을 알게 되면 나와 세상을 움직일 수 있는 힘이 생길 것이다.

이 책에는 생각을 정리할 수 있는 실질적인 방법들이 담겨 있다. 이를 통해 생각을 현실화하는 아이디어 기획법, 하루 24시간을 알차게 보낼 수 있는 시간관리 방법, 원하는 바를 체계적으로 이뤄낼 수 있는 목표설정 방법, 내 인생의 문제를 스스로 해결할 수 있는 문제해결 방법 등을 배울 수 있다. 다시 말해, 생각정리만 잘해도 당신의 인생을 바꿀 수 있다는 뜻이다. 또한 생각정리를 통해 삶의 태도와 방향이 달라지고 돈과 운을 끌어당기는 삶에 한발 더 다가설 수 있다. 책을 읽으면서 하나하나 차근차근 따라해보길 바란다. 복잡했던 생각이 정리되면 복잡했던 인생이 술술 풀리는 것을 경험하게 될 것이다.

나는 생각정리 컨설턴트로서 외교부, 법무부, 삼성, LG, 서울대, 카이스트 등에서 강연과 상담을 통해 수많은 학습자를 만났고, 헤아릴 수도 없이 많은 변화와 성과를 직접 목격했다. 그런 경험들을 바탕으로 지금부터 당신의 생각정리를 돕고자 한다. 당신은 그저 이 책 한 권과 펜 한 자루만 준비하면 된다. 당신의 인생은 이 책《당신의 생각을 정리해드립니다》를 읽기 전과 후로 나뉠 것이라고 확신한다.

자, 이제 나와 함께 당신의 생각을 정리할 준비가 되었는가?

〖 차례 〗

프롤로그 | 당신의 생각을 정리해드립니다   •005

제1장 인생을 바꾸는 생각정리스킬

01 당신도 이제 생각정리를 잘할 수 있다!   •015
02 부자들의 생각, 부자들의 행동   •022
03 그동안 생각정리가 어려웠던 이유와 해결책   •030
04 생각천재가 되는 방법: 생각정리 툴 활용하기   •035
05 생각정리는 3가지 방식만 이해하면 된다   •042
06 이 시대에 가장 필요한 능력: 생각정리스킬   •049

제2장 당신의 생각을 컨설팅해드립니다

01 [컨설팅] 원페이지: 워라밸 생각정리스킬   •057
02 [컨설팅] 마인드맵: 퍼스널브랜딩 & 유튜브 기획   •071
03 [컨설팅] 로직트리: 돈을 만드는 생각정리법   •082

04 [컨설팅] 만다라트: 위기를 기회로 만드는 생존전략 · 092

05 [컨설팅] 사명선언문: 삶의 의미를 발견하는 방법 · 101

06 [컨설팅] 만다라트: 비즈니스 모델 만들고 발표하기 · 113

제3장 **당신의 아이디어를 정리해드립니다**

01 상위 1퍼센트는 마인드맵을 쓰고 있다 · 119

02 일 잘하는 사람들이 마인드맵을 쓰는 방법 · 124

03 당신을 위한 생각비서: 디지털 마인드맵 · 131

04 마인드맵을 써도 정리가 안 됐던 이유 · 136

05 마인드맵으로 사업 아이디어 기획하기 · 145

제4장 **당신의 시간을 정리해드립니다**

01 당신에게 남은 시간을 알려드립니다 · 155

02 흘려보내는 시간 vs. 알차게 보내는 시간 · 159

03 돈만 가계부 쓰나요? 시간도 가계부 쓰세요! · 165

04 최고의 하루를 만드는 과학적인 시간관리법 · 171

05 to do list를 잘 쓰는 방법 5가지 · 184

06 시간도둑을 잡는 not to do list · 189

07 우선순위로 시간의 황금레시피 만들기 · 192

08 성장 사이클: 나만의 루틴 만들기 · 200

제5장 당신의 목표를 정리해드립니다

01 목표를 이루는 사람의 시간은 거꾸로 간다 · 205

02 성공한 사람들은 장기간 전망을 한다 · 210

03 목표달성 확률을 10배 이상 높이는 방법 · 214

04 만다라트로 균형 잡힌 라이프스타일 만들기 · 221

05 종이 1장으로 20킬로그램 다이어트에 성공하다 · 227

06 업무 진행 상황을 한눈에 보는 간트차트 · 232

07 목표에 들어가서 살면 결국 이뤄진다 · 237

08 SNS에 적기만 해도 이뤄지는 놀라운 일들 · 241

제6장 당신의 문제를 정리해드립니다

01 당신이 해결하고 싶은 문제는 무엇인가? · 249

02 문제는 현실과 이상의 차이 · 252

03 문제의 유형을 알아야 해결할 수 있다 · 256

04 SWOT: 잘되고 싶다면 전략부터 세워라 · 262

05 How 사고의 함정에서 벗어나자 · 277

06 문제를 잘 해결하는 순서와 방법 · 285

07 로직트리를 사용해야 하는 5가지 이유 · 289

에필로그 | 운명을 바꾸고 싶다면 #생정해 · 300

참고문헌 · 306

제1장

인생을 바꾸는
생각정리스킬

당신도 이제 생각정리를
잘할 수 있다!

새해 아침에 어떤 생각을 했는가? 당신의 머릿속은 아마도 갖가지 계획과 설계로 가득했을 것이다.

'당장 내일부터 운동해야지!'

'새해에는 책을 많이 읽을 거야!'

'올해는 퍼스널브랜딩을 위해 인스타그램에 사진과 글을 올리고, 블로그에도 꾸준히 포스팅을 해야지!'

'상반기에 유튜브에 도전해서 크리에이터가 될 거야!'

'더 나이 먹기 전에 나만의 사업을 해봐야지!'

'인생을 살면서 내 이름으로 된 책 한 권쯤 써보고 싶다!'

우리는 인생을 더 잘 살기 위해 여러 가지 목표와 계획을 세운다. 하지만 그것들을 머릿속에서 생각하는 데 그치지 않고 행동으로 옮겨 결과물들을 만들어내기란 결코 쉬운 일이 아니다. 생각을 행동과 결과로 바꾸기 위해서는 목표 설정부터 제대로 한 뒤 계획을 합리적으로 짜야 한다. 그런데 종종 시작부터 '병목현상'bottleneck 이 일어나곤 한다. 4차선 도로가 2차선으로 좁아질 때 교통체증이 일어나는 것처럼, 생각이 너무 많아 목표와 계획을 세우는 과정에서 지치고 마는 것이다. 행동으로 옮기기도 전에 말이다.

나는 사람들이 이와 같은 생각과 행동의 병목현상을 스스로 해결할 수 있도록 돕는 생각정리스킬 교육을 하고 있다. 먼저 생각을 잘 정리해서 목표와 계획을 짜임새 있게 세우고, 그다음에는 하루 24시간을 잘 관리해 허투루 보내지 않도록 돕는다. 또 문제가 생겼을 때 해결할 수 있는 방법을 함께 찾아보고, 아이디어가 떠오르면 그것을 빠르게 구체화할 수 있는 방법 역시 함께 생각해본다. 교육을 마친 뒤에는 내가 없어도 스스로 생각을 정리하고 행동에 옮길 수 있는 방법을 전수한다.

생각정리클래스(http://www.thinkclass.co.kr) 온/오프라인 특강에는 매우 다양한 사람들이 참여한다. 직장인이나 사업가가 많지만 취업을 준비하는 청년과 대학생도 있고, 심지어 70~80세 어르신들도 어렵지 않게 볼 수 있다. 새로운 사업을 준비하는 예비사업가, 유튜브 크리에이터에 도전하는 사람, 책을 쓰려고 준비하는 사람, 강사가 되고 싶어 하는 사람 등 정말 다양한 이들이 생각정리클래스를 거쳐갔다. 그들은 모두 자신의 인생을 더 잘 살기 위해서, 꿈을 이루기 위해서 주말도 반납하고 먼 길을 찾아와 수업을 들었다. 그들에게 생각정리스킬은 '꿈과 목표를 이룰 수 있는 정말 중요한 열쇠'였던 셈이다.

생각정리를 잘하면 모든 능력치가 올라간다

2016년부터 법무연수원에서 초빙교수로 위촉받아 강의를 했다. 법무연수원은 법무·검찰 공무원의 자질과 업무능력을 향상시키기 위한 교육기관이다. 나는 이곳에서 검사들을 대상으로 '사건 요약과 마인드맵'이라는 이름의 디지털 마인드맵을 활용한 생각정리스킬 교육을 진행했다. 첫 수업을 참관한 법무연수원 원장님은 모든 신임 및 경력 검사 교육의 1교시에 생각정리스킬 수업을 배정하라고 지시했다.

2017년부터는 삼성전자 DS부문 초빙교수로 모든 신입사원(반기당 약 1,800명)을 대상으로 교육을 진행했다. 기업에서 하는 강의는 직후에 학습자 전체 만족도 평가를 하는데 매번 1위를 했다. 학습자들은 "생각정리 교육을 통해 일 잘하는 방법은 물론이고, 인생을 살아가는 데 있어 꼭 필요한 기술을 얻게 된 것 같아요."라고 말했다. 교육 담당자들은 "생각정리스킬은 신입사원은 물론이고 전 직원에게 필요한 교육"이라고 평가했다. 이후 DS부문뿐만 아니라, 삼성전자의 각 부서 및 계열사 교육으로 확대해 전국에서 강의하고 있다.

생각정리클래스뿐만 아니라 정부기관과 대기업에서도 생각정리스킬 교육 요청이 쇄도하는 이유는 무엇일까? 어떤 직급position이든, 어떤 직무duty든, 어떤 일task을 하든 생각정리가 먼저이기 때문이다. 말과 글과 행동 모두 생각정리로부터 시작된다.

인생이 잘 풀리는 생각정리의 힘

그동안 생각정리스킬을 배운 많은 사람들이 나에게 이런 말을 했다. "작가님과 생각정리스킬을 만난 뒤 제 인생이 확 바뀌었어요. 정말 행복해졌어요. 덕분에 꿈을 이룰 수 있었어요. 작가님은 이름처럼 정말 복덩이에요, 복덩이!"

나는 지금 거의 모든 활동을 '복주환'이라는 이름으로 하고 있지만, 사실 내 본명은 '박주환'이다.

대학교 1학년 때 갑작스럽게 아버지가 돌아가셨다. 갓 스무 살, 푸르른 청춘이 시작되는 나이였지만 나는 장례식장에서 시작이 아닌 끝에 직면했다. 삶과 죽음에 대해 깊은 고민이 시작됐고, 홀로 되신 어머니를 모시고 어떻게 살아가야 할지 눈앞이 캄캄했다.

가세는 기울 대로 기울어 반지하에 살았는데, 비가 많이 오는 날이면 빗물을 퍼내야 했다. 때로는 고주망태가 된 취객이 창문에 노상방뇨를 하기도 했다. 대학 시절 내 머리는 항상 삽살개처럼 덥수룩했다. 미용실에 갈 돈 만 원이 없는 마당에 새옷은 언감생심이어서 누나 옷을 물려받아 입곤 했다. 학자금은 10년 뒤부터 갚는다는 조건으로 약

3,000만 원을 전액대출받고, 생활비대출까지 받아야 했다. 근로장학생을 신청해 방학 중에도 학교에 나가 청소를 하며 살아가야 했다.

그런 상황에서도 내 인생을 어떻게 꾸려가야 할지 깊이 고민했다. 책 속에 답이 있다고 생각해, 아르바이트 사이 이동할 때나 저녁 시간에 틈나는 대로 책을 읽었다. 걸으면서도 책을 볼 정도였다. 그렇게 3,000권이 넘는 책을 독파했다. 그리고 내 하루의 노력들을 기억하기 위해서 날마다 일기를 썼다. 그 일기장에 항상 미래에 이룰 꿈과 목표를 적었다.

'나만의 콘텐츠로 작가 되기!'

'선한 영향력을 전하는 강연가 되기!'

매일 밤 일기를 쓰며 그 모습을 상상했다. 지금은 불가능해 보이지만, 열심히 노력하면 언젠가 내 인생에도 '복'이 올 것이라는 믿음이 있었다. 그래서 이름을 '복'주환으로 바꿔 부르기 시작했다. 이름을 바꿔서라도 내 인생을 바꾸고 싶었다.

그런데 '복주환'이라는 이름을 사용하면서 진짜 복이 나를 찾아왔다. 그때 목표한 대로 정말 강연가이자 작가가 되었을 뿐만 아니라, 많은 사람들에게 복을 나눠주고 있으니 말이다. 생각정리클래스에 참석한 많은 사람들이 이런 후기들을 올려주고 있다(생각정리스킬 네이버 카페 http://bit.ly/생정해).

"생각을 정리하는 방법만 배웠을 뿐인데… 일도 잘 풀리고, 돈도 더 많이 벌리고, 인간관계까지 좋아졌어요!"

"업무능력이 2~3배 올라 회사에서 인정받고 승진했어요."

"우울하고 무기력했는데 생각정리스킬을 배우고 나서는, 상담센터를 다니지 않아도 자존감과 자신감을 높일 수 있었어요."

"발표 경연대회에서 1등을 해 특전으로 유럽여행을 다녀왔어요."

"월수입이 무려 10배 이상 올랐어요."

"공모전에서 1,000만 원 상금을 받았어요."

"KBS DJ로 방송에 데뷔하고, 하는 일마다 잘 풀려요."

"책을 출간하고 난 뒤 베스트셀러 작가와 인기 강사로 활동하고 있어요."

많은 사람들이 나를 믿어주는 이유가 있다. 그 이유는, 내가 생각한 것을 반드시 행동으로 바꿔 결과를 만들어내는 '실천가'이기 때문이다. 실제로 나는 생각정리를 통해 자기계발을 실천하고 있다. 3,000권 이상의 책을 읽었고, 하루 2시간씩 운동해 20킬로그램을 감량했으며, 그 어렵다는 바디프로필까지 찍었다. 10년 동안 일기와 강사일지를 써왔고, 네 권의 책을 펴냈다.

작심삼일이 되기 쉬운 독서, 운동, 다이어트, 1일 1글쓰기, 책 집필 등의 목표를 꾸준히 실천하고 있다. 많은 사람들이 "어떻게 그 모든 걸 해낼 수 있었느냐?"고 묻지만 내 대답은 간단하다. "생각을 행동으로 바꾸는 방법을 알게 되었을 뿐이에요."

생각을 정리하는 방법을 제대로 알면 누구나 생각을 행동으로 바꿀 수 있고, 꿈꾸던 것들을 이뤄낼 수 있다.

● 생각정리 기대효과

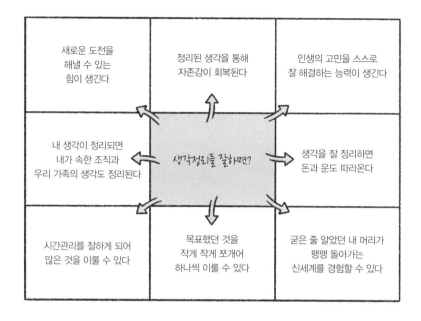

새로운 도전을 해낼 수 있는 힘이 생긴다	정리된 생각을 통해 자존감이 회복된다	인생의 고민을 스스로 잘 해결하는 능력이 생긴다
내 생각이 정리되면 내가 속한 조직과 우리 가족의 생각도 정리된다	생각정리를 잘하면?	생각을 잘 정리하면 돈과 운도 따라온다
시간관리를 잘하게 되어 많은 것을 이룰 수 있다	목표했던 것을 작게 작게 쪼개어 하나씩 이룰 수 있다	굳은 줄 알았던 내 머리가 팽팽 돌아가는 신세계를 경험할 수 있다

아마 당신도 그런 기대를 갖고 이 책을 펼쳤을 것이다. 어쩌면 생각정리스킬을 만나기 위해 수많은 강의를 듣고 책을 읽어왔는지도 모른다. 인생의 변화는 우연한 만남을 통해 이뤄진다. 이 책《당신의 생각을 정리해드립니다》를 통해 당신과 내가 만났다. 나와 그동안 내가 만난 사람들이 얻은 생각정리의 '복'을 당신과 함께 나누고 싶다. 단 한 장도 허투루 쓰지 않았다. 꼭 필요한 내용만 담았다. 그러니 책을 한 번만 읽지 말고 세 번 이상 읽어보기를 권한다. 그리고 실천에 옮겨보자. 당신의 인생이 더 나은 방향으로 변화될 것이다.

부자들의 생각,
부자들의 행동

생각정리 컨설턴트로 활동하다 보면 종종 기업의 CEO나 크게 성공한 부자들의 요청을 받아 생각정리를 도와주게 된다. 그들을 만나 대화를 나누며 성공한 사람들의 몇 가지 특징을 발견할 수 있었다. 그들은 공통적으로 '생각하는 속도'와 '의사결정 속도', 그리고 '실행의 속도'가 굉장히 빠르다.

젊은 나이에 유통업으로 크게 자수성가한 L대표를 컨설팅할 때의 일이다. 함께 식사를 하고 있었는데, L대표가 중요한 물건을 깜빡하고 집에 두고 왔다고 말했다. 이런 상황에서 보통 사람들은 어떻게 해야 할지 몰라 당황하거나, 물건을 가지러 갈지 말지 고민하거나, 아니면 집에 있는 사람에게 부탁해서 갖고 오게 할 것이다.

하지만 L대표는 전혀 당황하지 않고, 침착하게 집에 있는 아내에게 전화를 걸었다. "지금 택시를 불러서 그 물건만 내가 있는 곳까지 가져다줄 수 있겠느냐고 기사님에게 정중히 부탁해줄래요?" 그는 '택시는 사람이 타는 것'이라는 내 고정관념을 깨버렸다. 이날 나는 사람이 아니라 물건만 택시를 타고 온 독특한 광경을 볼 수 있었다.

평소에도 '고정관념브레이커'라고 불리는 그의 발상도 독특했지만, 문제가 발생했을 때 불과 10초도 걸리지 않고 해결책을 찾아냈다는 것이 더욱더 놀라웠다. 그와 함께 있으면 생각과 실행의 속도에 감탄할 때가 많다. 그는 좋은 비즈니스 아이디어가 떠오르면, 즉시 구체화하고 곧바로 실행에 옮긴다. 머뭇거리는 것을 본 적이 없다. 아이디어 발상과 동시에 연관된 일을 하는 사람들에게 전화한다. 그리고 사업을 함께 추진할 수 있을 것 같은 사람들에게 전화를 건다. 그렇게 판이 짜이면 곧장 조직을 구성해 단톡방을 만든다. 단톡방에서도 바로 만날 날을 정한다.

대부분의 사람들은 생각이 많으면 행동이 느리다. 반대로 행동이 빠르면 생각이 허술한 경우가 많다. 하지만 L대표는 이 2가지가 아주 균형 있게 돌아간다. 생각을 바로바로 행동으로 바꿔내는 것이다. 물론 그의 이런 행동력은 하루아침에 만들어진 것이 아니다.

그렇다면 L대표는 어떻게 이처럼 빠르게 행동할 수 있는 걸까? 그는 어떤 생각을 하는 즉시 머릿속에서 굉장히 빠른 속도로 정리하는 능력이 있는 사람이었다. 예를 들어, 사업 아이디어가 떠오르면 함께

할 사람들에게 바로 전화를 한다. 이 행동은 그 사업에 어떤 사람들이 필요한지 생각을 빠르게 정리했기 때문에 가능하다. 잘 정리된 생각은 좋은 행동으로 이어진다.

빠르고 즉각적인 행동은 L대표의 습관이 되었다. 그동안 그는 얼마나 많은 것을 배우고, 생각하고, 정리하고, 그것을 실현하기 위해 치열하게 행동해왔을까? 생각의 속도와 이를 뒷받침해주는 행동의 속도. 그것이 L대표의 성공비결이었다.

성공한 사람들은 생각의 속도만큼 행동의 속도가 빠르다

130만 명(2021년 1월)의 구독자를 보유한 유튜브 채널 〈신사임당〉의 크리에이터 주언규 대표의 생각정리를 도와준 적이 있다. 여러 번 만나면서 지켜본 그는, 행동이 정말 빨랐다. 그는 생각과 행동에 대해 이렇게 말했다.

"저는 무슨 일을 할 때 생각은 20퍼센트, 행동은 80퍼센트의 비율이 좋다고 생각해요. 예를 들어, 오전 한두 시간만 생각을 해요. 그때는 정말 딱 생각만 하죠. 그리고 오후에는 행동만 해요. 행동을 해야 할 시간에는 철저히 행동만 하는 거죠. 일주일이라면 하루는 생각만 해요. 그리고 나머지 6일은 철저하게 행동을 하는 거예요. 몇 시간, 며칠 동안 길게 생각하는 게 중요한 게 아니더라고요. 생각을 충분히 했다고 판단되면 일단 하면서 부딪쳐봐야 해요. 저는 일할 때는 자아를 분열

해요. 생각하는 자아는 철저히 생각만 하고, 행동하는 자아한테는 생각을 멈추게 하고 일(행동)만 시키죠. 마치 제 몸 안에 대표와 직원 두 명이 존재하는 것처럼 말이에요."

성공한 사람들은 두려움 없이 행동한다

최근 컨설팅한 Y대표의 실행력도 인상적이었다. 네이버 스마트스토어를 운영 중인 그는 얼핏 어리고 순해 보이는 20대 젊은이지만, 1년 반 만에 70억 원대의 연매출을 올린 외유내강의 청년 대표다. 성공비결을 물어보니 그는 이렇게 말했다.

"사실 저는 평범한 사람이었어요. 고등학교를 졸업하고 나서 바로 해병대에 입대했어요. 그리고 워터파크 캐리비안베이에서 인명구조요원으로 있었죠. 이후에는 경비보안업체인 세콤에서 3교대 출동경비로 일했어요. 회사를 다니면서 막연하게 언젠가 사업을 하고 싶다는 생각을 하다가, 스마트스토어는 배우면 누구나 할 수 있다는 것을 알게 됐어요. 그래서 바로 스마트스토어에 대한 교육을 듣고 배우기 시작했습니다. 하지만 교육을 들은 사람들이 모두 다 잘된 것은 아니에요. 저처럼 두려움 없이, 겁 없이, 확신을 갖고 시작한 사람들만 이 시장에서 아직껏 버티며 남아 있는 거죠."

스마트스토어 사업을 쭉쭉 추진해나가는 그는 누구보다 실행력이 높은 사람이지만, 그의 성공비결이 실행력에만 있는 것은 아니다. 그의 진짜 성공비결은 '두려움 없이' 행동한다는 점이다. 한번 생각해 결정을 내렸으면, 그는 행동한다. 두려움도 망설임도 없다. 하고자 하는 일을 하기 위해 들어야 할 교육이 있으면 바로 신청한다. 교육을 잘 소화할 수 있을지 두려워하거나 망설이지 않는다. 그런 생각보다는 일단 가서 어떻게든 교육을 잘 받고 자신의 것으로 만드는 데 집중한다. 이처럼 돈과 운을 부르는 사람들은 결심이 서면 두려움 없이 행동한다.

단체교육인 생각정리클래스에 참여하고 나서도, 그는 일대일로 컨설팅을 받고 싶다며 나를 찾아왔다. 과제를 주면 바로바로 해냈다. CEO 스피치를 준비하던 중에도 내가 미션을 주면 카카오톡으로 바로 녹음해서 답변했다. 평가에 대한 두려움은 잊은 채 어떻게든 해내려고 하던 그의 적극적인 자세를 아직도 잊을 수 없다.

나는 그에게 다음 목표가 무엇인지 물어보았다.

"스마트스토어 사업으로 1년 반 만에 연매출 70억 원을 넘겼어요. 그 후로 직원들의 복지에 신경 쓰고 좋은 문화를 만들어가기 위해 노력하고 기부도 해왔죠. 20대라 서툰 점도 많고, 아직은 어린 대표라 처음 해보는 것들은 두렵기도 했어요. 하지만 무조건 행동하는 실행력으로 해결해왔습니다. 이제 생각정리 컨설팅도 받았으니, 앞으로 더 나아갈 수 있을 것 같아요. 저의 내년 목표는 연매출 100억 원 달성과 글로벌 진출입니다!"

인생을 바꾸고 싶다면 사고 패턴부터 바꾸자

성공한 사람들과 보통 사람들의 가장 큰 차이점은 무엇일까? 바로 행동력이다. 그리고 행동이 빠른 이유는 생각력, 즉 훈련된 '사고 패턴'이 있기 때문이다. 성공한 사람들은 긍정적인 사고 패턴을 가지고 있다. 긍정적인 사고 패턴을 가진 사람은 행동에도 막힘이 없다. 빠르게 아이디어를 구체화한다. 무슨 일을 하든지 자신감 있고 신속하게 일을 처리해나간다. 반면, 부정적인 사고 패턴을 가진 사람은 어떨까?

부정적인 사고 패턴에는 크게 두 가지 특징이 있다.

첫째, 비합리적이고 편협하며 지나치게 극단적이다. 어떤 일이 미래에 성공 또는 실패할 확률이 50퍼센트라고 추정되는 상황에서도, 부정적인 패턴에 사로잡힌 사람들은 실패할 확률이 훨씬 높다고 생각하며 자기 자신의 사고방식이 합리적이라고 자신한다.

둘째, 자동적으로 작동한다. 부정적 사고 패턴이 습관화되어 자신의 의지와 상관없이 부정적인 생각과 말을 하게 된다. 자신도 모르는 사이에 어떤 일이든 부정적으로 인식해, 자신감을 잃고 무력감에 빠져 새로운 일을 시도할 생각조차 못하게 된다.

부정적인 생각을 어떻게 극복할 수 있을까? 먼저, 자신이 어떤 부정적 사고 패턴을 갖고 있는지 스스로 인식해야 한다. 평소 말하는 습관을 관찰해보자. "안 될 거야", "할 수 없어", "역시 안 되는구나" 식의 부정적인 말을 자주 하고 있다면, 이를 줄여나가야 한다. 혹은 "할 수 있어", "하면 돼", "일단 해보자" 등 긍정적인 말로 바꿔보자.

부정적인 생각을 합리적으로 반박해보는 것도 좋은 방법이다. 어떤 일을 시작하려고 하는데 안 될 것처럼 느껴진다면, '왜 안 된다는 거지?', '정말 안 될까?', '할 수 있는 방법이 없을까?' 등 질문을 던져보는 것이다. 그렇게 성공시킬 수 있는 가설과 계획을 구체적으로 세워나가면 부정적인 생각은 자연스럽게 줄어들게 된다.

　성공한 사람들은 대체로 두려움 없이 행동한다. 반면, 보통 사람들은 어떤 일을 시작할 때 두려움이 커서 행동하기를 망설인다.

　그렇다면 두려움은 어떻게 이겨낼 수 있을까? 두려움의 정체를 알고 나면 두려움이 줄어든다. 두려움은 '어떤 현상이나 경험을 예상했을 때 갖게 되는 불안한 감정'이다. 의학 전문가들은 우리가 두려울 때 느끼게 되는 불안한 감정이 생물학적으로 동일하다고 말한다. 즉, 캄캄한 곳에 혼자 있을 때, 무서운 동물이 앞에 있을 때, 수술을 앞뒀을 때, 현재를 변화시킬 목표를 세워야 할 때 모두 똑같은 신체적 반응이 나타난다는 것이다.

　이 두려움은 다른 모든 감정과 마찬가지로 우리에게 하나의 정보를 알려준다. 만약 당신이 느끼는 두려움을 그저 하나의 정보로 대할 수 있다면, '지금 나는 두려움이라는 감정을 느끼고 있군'이라고 생각하면서 이성적으로 마주할 수 있을 것이다.

　두려움은 준비와 지식을 통해서도 감소시킬 수 있다. 길이 보이면 두려움은 사라진다. 구체적인 목표와 계획을 세우다 보면 다양한 아이디어가 떠오르면서 두려움에서 서서히 벗어나게 된다. 어딘가를 처음 갈 때 무작정 나서지 않고, 지도나 내비게이션을 보며 길을 찾아가는 것과 마찬가지다. 만약 미래에 대해 막연한 두려움이 커진다면 더 많은 정보를 찾고, 더 많은 지식을 쌓고, 이를 바탕으로 철저히 준비를 해보자. 이 책을 차근차근 읽으며 머릿속 생각들을 잘 정리해보고 실행에 옮겨보자. 그 과정에서 찾아오는 두려움이 어느새 용기와 자신감으로 바뀔 것이다.

그동안 생각정리가 어려웠던 이유와 해결책

많은 사람들이 복잡한 머릿속 생각들을 잘 정리하고 싶어 한다. 하지만 막상 생각정리를 하려고 하면, 무슨 생각부터 어떻게 정리해야 할지 몰라 머릿속이 더 복잡해지거나 아예 하애진다. 이렇게 생각정리가 어려운 이유는 무엇일까?

첫째, 생각은 눈에 보이지 않는다

머릿속에 있는 생각들은 눈에 보이지 않는다. 상대방의 머릿속은 물론이고 내 머릿속조차 들여다볼 수가 없다. 그래서 생각정리는 집안정리와는 다르다.

내가 만든 정리의 원리 중 '나분배'가 있다. '나열, 분류, 배열'의 줄임말로, 모든 정리는 이 3가지 순서로 진행된다.

집정리할 때를 생각해보자. 우선 집 안에 어떤 물건들이 있는지 전부 꺼내 '나열'한다. 그런 다음 같은 물건들끼리 '분류'한다. 옷정리를 한다면 여름옷은 여름옷끼리 겨울옷은 겨울옷끼리, 그릇정리라면 밥그릇은 밥그릇끼리 국그릇은 국그릇끼리 분류하는 것이다. 그다음 '배열'을 한다. 자주 입는 옷은 잘 보이는 곳에, 자주 쓰는 그릇은 손이 닿기 쉬운 선반에 우선순위를 생각해 배열하는 것이다.

집 안에 있는 쓰레기나 물건들은 눈에 확실하게 보인다. 보이는 물건을 버리거나 분류하거나 위치를 바꾸는 건 그다지 어렵지 않다. 집정리는 대개 못 한다기보다는 귀찮아서 안 하는 쪽에 가깝다.

그런데 생각정리는 어떤가? 안 한다기보다는 못 하는 쪽에 더 가깝다. 생각이 눈에 보이지 않기 때문에 정리하기가 어렵다. 사실 알고 보면 생각정리도 집정리와 마찬가지로 '나분배'의 원리로 진행된다. 예를 들어 스케줄관리를 생각해보자. 먼저 해야 할 일을 '나열'한 다음 업무, 일상, 학업 등으로 '분류'한다. 그러고 나서 중요하고 긴급한 일 순서로 '배열'하면 된다. 이처럼 생각정리 또한 생각들을 나열하고, 분류하고, 배열하는 과정의 연속이다. 다만 이 과정을 눈으로 보지 못하니 머릿속이 복잡해지는 것이다.

생각정리를 잘 못하는 사람들은 머리로만 정리하려 하고 손은 잘 활용하지 않는다. 의외로 많은 사람들이 메모나 기록하는 습관이 몸에 배어 있지 않다.

물론 '오늘 점심에 뭐 먹을까?' 같은 단순한 의사결정은 머리로 빠르게 정리할 수 있다. 그런데 문제가 복잡해지면 어떨까? 회사의 문제 현황을 파악하고 원인을 분석해서 해결방안을 세워야 하는 복잡한 과정을 머리로만 생각하기에는 한계가 있다. 마치 수학문제를 풀 때 덧셈이나 뺄셈 같은 간단한 문제는 암산으로 해결할 수 있지만, 숫자가 커지고 문제가 복잡해지면 머릿속 계산만으로는 답을 내기가 어려워지는 것과 같은 이치다.

그래서 머리를 쓸 땐, 손을 함께 써야 한다. 손으로 쓰면서 생각을 시각화하는 게 필요하다. 엑스레이로 몸속을 들여다볼 수 있기에 몸속 병을 치료할 수 있듯, 머릿속을 들여다보면서 정리하는 방법을 알게 되면 생각정리가 쉬워진다.

둘째, 생각은 금방 휘발되어 사라진다

생각을 정리할 때 어딘가에 쓰면서 해야 하는 또 하나의 이유는 생각이 금방 사라져버리기 때문이다. 뇌에는 작업영역인 워킹메모리가 있다. 워킹메모리는 뇌에 입력된 정보를 몇 초 혹은 30초 정도의 짧은 시간만 보존하면서, 그동안 그 정보를 바탕으로 사고하거나 계산하거나 판단하는 등의 작업을 한다. 정보처리가 끝나면 바로 삭제한 다음 새로운 정보를 집어넣는다.

이런 기억 시스템은 컴퓨터에 비유하면 이해하기 쉽다. 하드디스크 HDD는 뇌에서 장기 기억을 담당하는 곳과 같고, 램RAM은 일시적 저장소인 워킹메모리와 같다. 컴퓨터와 똑같은 정보처리 과정이 우리 뇌에서도 쉬지 않고 일어나고 있다. 그래서 아무리 좋은 아이디어가 있어도 바로 기록해두지 않으면 나중에 다시 떠올리려고 해도 도무지 기억이 나지 않는다. 더 심각한 문제는 그 좋은 아이디어를 떠올렸다는 사실조차 기억하지 못할 수도 있다는 점이다.

생각의 휘발성을 알고 이해하고, 아이디어를 소중하게 생각하는 사람들은 좋은 아이디어가 떠오르면 즉시 메모한다. 또 어디에서든 메모할 수 있도록 준비를 해둔다. 심지어 샤워를 하면서도 기록할 수 있도록 샤워실에까지 녹음기를 두는 사람도 있다.

나도 좋은 아이디어가 떠오르면 즉시 메모하는 습관이 있다. 잠을 자다가 꿈에서 좋은 아이디어가 떠오르는 경우가 있어서, 침대 옆에도 메모장을 둔다. 가방에는 늘 작은 메모장이 들어 있다. 대부분의 경우 메모관리 애플리케이션 '에버노트'를 활용해 생각이 떠오르면 즉시 메모를 해둔다. 급한 경우 카카오톡의 '나에게 보내기' 기능을 이용하기도 한다. 책을 읽다가 좋은 생각이 떠오르면 여백에 메모하고, 이동 중에 아이디어가 떠오르면 휴대전화의 녹음 기능을 이용해서 기록해둔다.

세상의 모든 위대한 결과는 메모로부터 시작되었다. 아무리 작은 아이디어도 모이면 큰 가치를 만들어낸다는 사실을 나 역시 직접 경험했기 때문에 오늘도 메모를 멈추지 않는다.

여기서 잠깐! 그렇다면 단순히 메모와 기록을 많이 한다고 생각정리를 잘할 수 있게 될까? 냉장고에 요리 재료가 많다고 요리가 저절로 뚝딱 만들어지는 것은 아니다. 맛있는 요리를 만들려면 건강하고 신선한 재료(생각, 정보, 지식, 아이디어 등)는 기본이다. 여기에 요리를 할 수 있는 도구(생각정리 툴)와 레시피(생각정리 방법)가 있어야 한다.

생각정리에는 '생각을 비우는 정리', '생각을 보관하는 정리', '생각을 설계하는 정리'가 있다. 이 책에서 내가 말하고 싶은 생각정리는 단순히 비우기만 하는 정리가 아니다. 그저 많이 수집하고 보관하는 정리도 아니다. 생각을 더 쓸모 있게 만들어내는 정리, 즉 '생각을 설계하는 정리'다. 그런데 생각 설계는 단순히 머리로만 할 수 있는 것이 아니다. 디자이너가 포토샵이나 일러스트 같은 툴을 사용하듯, 생각을 설계하는 정리를 할 때는 생각정리 툴tool이 있어야 한다.

생각정리스킬은 한 마디로 '생각정리 툴과 원리를 활용해 기술적으로 생각을 정리하는 방법'이다. 당신이 '생각정리스킬'을 터득하고 활용할 수 있게 된다면 어떤 일이 벌어질까? 원하는 만큼 아이디어를 구체화할 수 있고, 목표와 계획을 체계적으로 세울 수 있고, 빠르게 의사결정을 내릴 수 있다. 생각을 행동으로, 상상을 현실로 만들 수 있게 된다.

생각천재가 되는 방법: 생각정리 툴 활용하기

생각을 정리하는 도구는 국내외에 이미 300가지가 넘게 나와 있다. 그만큼 많은 사람들이 생각정리의 필요를 느끼고 관심을 갖고 있다는 뜻이다. 그렇다면 이 중에서 생각을 설계할 때 사용하는 툴은 무엇일까? 나는 생각정리 툴을 크게 3가지 유형으로 분류한다.

생각정리 툴의 종류

첫째, 트리tree형이다. 가지 형태로 뻗어나가는 방식이다. 마인드맵, 로

● 트리형, 매트릭스형, 이미지형

트리(tree)형	매트릭스(matrix)형	이미지(image)형
마인드맵, 로직트리, 피라미드 구조 등	엑셀 표, 만다라트, SWOT 매트릭스, 우선순위 매트릭스 등	도형을 활용한 정리, 그림 등

직트리, 피라미드 구조가 대표적이다. 내용을 구체화하거나 세분화할 때 유용하다.

둘째, 매트릭스matrix형이다. 표를 활용하는 방식으로 만다라트, SWOT 매트릭스, 우선순위 매트릭스 등이 여기에 속한다. 각각의 항목을 비교·대조하며 정리할 때 효과적이며, 빈칸을 채워넣고자 하는 심리를 활용해 많은 아이디어를 발상할 수 있다.

셋째, 이미지image형이다. 그림이나 도형을 그리면서 생각을 정리하는 방식이다. 텍스트는 읽고 나서야 내용이 이해되지만, 이미지는 보는 즉시 이해가 된다는 장점이 있다.

강력추천하는 생각정리 툴: 디지털 마인드맵

특히 이 책을 통해서 당신이 꼭 알았으면 하는 생각정리 툴이 있다. 디지털 마인드맵digital mind map인데, 손으로 그리는 마인드맵의 한계를 극복하기 위해 개발된 툴이다.

빌 게이츠는 《뉴스위크》지와의 인터뷰에서 "앞으로는 디지털 마인드맵과 같은 인공지능 소프트웨어가 단순한 정보를 유용한 지식으로 바꿔주게 될 것"이라고 말했다. IT 하면 가장 먼저 떠오르는 인물이자 세계적으로 영향력이 큰 빌 게이츠도 디지털 마인드맵을 최고의 생각정리 툴로 인정한 것이다.

디지털 마인드맵은 PC 프로그램, 스마트폰/태블릿 애플리케이션, 인터넷 사이트 등의 형태로 존재한다. 약 21가지가 있는데 대표적인 프로그램은 알마인드ALMind, 씽크와이즈ThinkWise, 엑스마인드XMind다. 참고로 나는 알마인드를 사용하고 있다. 알마인드는 알집, 알약, 알씨, 알송, 알툴바 등을 만든 이스트소프트에서 제작한 프로그램으로, 기업이나 기관은 유료지만 개인은 무료로 사용할 수 있다. 알마인드 최신 및 무료 버전은 링크(http://bit.ly/생정해)에 들어가 '생각정리스킬' 네이버 공식 카페에 가면 다운로드받을 수 있다. 그뿐만 아니라 알마인드 사용법, 생각정리 칼럼, 성장을 위한 자기계발 챌린지, 카페 회원들의 생각정리 노하우 등을 접하며 함께할 수 있다.

디지털 마인드맵은 누가 사용하면 좋을까?

영상 편집자라면 어도비 프리미어 프로Adobe Premiere Pro라는 편집 프로그램을 사용하는 것처럼, 생각을 정리하고 설계하는 사람들은 디지털 마인드맵을 사용하는 것이 좋다. 생각을 전문적으로 해야 하는, 소위 '회사 내 브레인'들이 주로 사용한다. 기획자, 마케터, 경영 담당자, 개발자, 연구원 같은 사람들에게 필수적인 툴이다.

강사, 작가, 교사, 교수 등 지식전문가들 역시 디지털 마인드맵을 사용하는 경우가 많다. 강의안을 만들거나 책을 쓸 때, 수업 설계를 할 때, 논문을 작성할 때 등 다양한 생각들을 조합하고 설계할 때 디지털 마인드맵의 효과를 톡톡히 활용할 수 있다. 또 큰 규모의 기업을 경영하는 CEO나 리더, 자신만의 사업을 추진하는 사업가들도 반드시 알아야 할 툴이다. 생각비서 역할을 해주기 때문이다.

공부하는 사람들에게도 필수적이다. 수많은 지식과 정보를 이해하고 기억하기 위해선 생각정리를 잘해야 한다. 디지털 마인드맵은 공부머리를 만들어주는 최상의 툴이다. 사용하면 할수록 머리가 좋아지므로 사고력 개발 툴로서도 훌륭하다.

콘텐츠 크리에이터를 꿈꾸는 사람이라면 디지털 마인드맵을 반드시 사용해야 한다. 정보화 지식사회, 인터넷과 SNS가 발달한 세상에서는 많은 사람들이 콘텐츠 소비자를 넘어 생산자가 되어간다. 마음만 먹으면 누구나 SNS에 글을 올릴 수 있고, 유튜브 영상을 제작할 수 있다. 노력하면 자신의 이름으로 책을 쓸 수도 있고, 온라인과 오프라인에서 강의를 할 수도 있다. 좋은 콘텐츠를 기획하고 제작할 사람이라면 콘텐츠를 제작하기에 가장 좋은 생각정리 툴, 디지털 마인드맵을 사용하기를 강력히 추천한다.

구독자 100만 명 이상의 크리에이터들이 인정한 생각정리스킬

나를 만난 유명 콘텐츠 크리에이터들은 내가 디지털 마인드맵을 사용해 생각을 정리하는 모습을 보고 모두 놀라워했다.

130만 명(2021년 1월 기준)의 구독자를 보유한 유튜브 채널 〈MKTV 김미경TV〉와 유튜브대학 〈MKYU〉의 김미경 대표는 이렇게 말했다. "오마이갓, 세상에! 완전 좋다, 이거~! 디지털 마인드맵 이거 완전 대박이다! 이런 툴은 당장 배워야겠네. 그동안 손으로만 썼는데 컴퓨터로 정리할 수 있다니, 놀랍네요! 안 그래도 대기업의 임원들이 복주환 강사 진짜 잘한다고 하더라고요. 이번 기회에 우리 MKYU 전직원도 다 배워야 되겠어요. 이렇게 생각정리가 잘되면 앞으로 한 발짝 한 발짝 더 크게 나아갈 수 있을 것 같아요!" (2020. 11. 20, 유튜브 〈MKTV 김미경TV〉, '마음이 크는 라디오'에서)

구독자 130만 명(2021년 1월)의 유튜브 채널 〈신사임당〉 주언규 대표는 나에게 직접 생각정리를 받은 뒤 이렇게 말했다. "이거 진짜 비싼 강의인 것 같아요. 진짜 너무 중요하고…. 왜 이렇게 강의를 많이 다니

시나 했는데, 오늘 직접 보니, 그 이유를 알겠어요. 이렇게 눈으로 보면서 생각을 정리하니까 훨씬 좋은 것 같아요." (2020. 6. 8, 유튜브 〈신사임당〉, '가난을 벗어나려면 이것부터 정리하세요'에서)

2021년 1월 기준으로 227만 명의 구독자를 보유한 〈회사원A〉, 〈회사원B〉, 〈회사원C〉, 〈会社員J〉의 최서희 대표는 내 책과 강의를 보고 직접 나에게 연락을 해왔다. "디지털 마인드맵 생각정리스킬은 영상 콘텐츠를 기획하고 편집하고 제작하는 콘텐츠 크리에이터들에게 꼭 필요한 방법이에요. 저희 회사에는 유튜브 콘텐츠를 기획하고 촬영하는 PD, 편집자, 그리고 디자이너 등의 직원들이 있는데요. 전직원을 위한 생각정리 및 기획력에 관한 교육을 부탁드립니다." (2020. 2. 7, '교육기획회의'에서)

당신도 상위 1퍼센트 인재가 될 수 있다!

그런데 아마 이 책을 읽고 있는 독자 중에서도 디지털 마인드맵을 알고 있는 사람은 많지 않을 것이다. 실제로 기업 강의에서 학습자들에게 "혹시 디지털 마인드맵을 사용하는 분이 계신가요?"라고 질문하면, 사용한다고 답하는 사람이 100명 중 10명도 채 되지 않는다. 그 10명에게 다시 "평소에 디지털 마인드맵을 잘 활용하시나요?"라고 물으면, 그중 1명 정도가 손을 든다. 이 상황을 반대로 생각해보자. 당신이 이 책을 통해 디지털 마인드맵과 생각정리스킬을 배우고 잘 활용하게 된다면 당신은 상위 몇 퍼센트가 될까? 그렇다! 100명 중 1명, 상위 1퍼센트가 될 수 있다!

2014년 나는 이스트소프트에서 '국내 1호 알마인드 공인 강사'로 위촉받았다. 그렇기 때문에 알마인드를 공식적으로 가르칠 수 있는 사람은 나 한 명뿐이다. 자, 이제 검증된 전문성과 경험을 바탕으로 최고의 생각정리 방법을 가르쳐주겠다.

생각정리는 3가지 방식만 이해하면 된다

생각을 정리하는 방식은 크게 서술식, 개조식, 도해식으로 나뉜다. '서술식'은 줄글 형태로 정리된 교과서처럼 내용을 자세하게 풀어쓰는 방식이다. '개조식'은 교과서의 핵심을 요약해둔 참고서처럼 목차 형태로 핵심키워드를 일목요연하게 정리하는 방식이다. '도해식'은 선생님이 학생들의 이해를 돕기 위해 칠판에 그려주는 그림이나 도표처럼, 내용을 문자가 아닌 간단한 그림으로 표현하는 방식이다.

생각정리를 잘하려면 이 3가지 방식 각각의 특징과 장단점을 알고 있는 것이 좋다.

서술식 생각정리

> 고객은 인터넷으로 쇼핑하기 위해 네이버에서 상품을 검색한다. 그리고 네이버 블로그에 들어가 상품리뷰를 읽는다. 블로거가 쓴 리뷰글 맨 밑에 있는 쿠팡 배너를 클릭해 쿠팡으로 들어간다. 그게 쿠팡 파트너스 배너다. 그렇게 해서 고객은 쿠팡에서 상품을 구매한다. 쿠팡은 고객들의 인터넷 쇼핑 동선을 미리 파악했다. 블로그의 상품리뷰를 읽고 많은 구매가 일어난다는 것을 알고 이런 식의 쿠팡 파트너스 시스템을 만들었다. 그 배너에서 구매를 하면, 구매 금액의 3퍼센트가 쿠팡의 파트너인 블로거에게 수익금으로 배분된다. 이게 쿠팡에서 제공하는 파트너스 시스템이다.

서술식은 글로 풀어쓰는 방식으로, 대부분의 사람들이 사용한다. 당신도 메모할 때 대체로 문장으로 기록해왔을 것이다. 서술식의 장점은 많은 양의 정보를 구체적으로 설명할 수 있다는 점이다.

그렇다면 단점은 무엇일까? 서술식으로 문장을 만들다 보면 불필요한 수식어에 집중하게 된다. '~의 ~ 같은', '~를 ~한' 이런 식으로 말이다. 같은 내용이 중복되거나 중요한 내용이 누락되는 경우도 많다. 또 서술식으로 정리된 글을 읽다 보면 핵심이 무엇인지 빠르게 파악하기가 어렵다. 게다가 길게 나열된 문장은 우리 뇌를 지루하게 만든다.

개조식 생각정리

1. 고객
    1) 인터넷 쇼핑을 위해 네이버에서 상품 검색
    2) 블로그의 상품리뷰들을 읽음
    3) 상품리뷰 하단의 쿠팡 파트너스 배너를 클릭하고, 쿠팡에서 상품 구매
2. 쿠팡
    1) 고객들의 인터넷 쇼핑 동선 확인
    2) 네이버 블로그 상품리뷰를 보고 많은 구매가 일어난다는 것을 파악
    3) 쿠팡 파트너스 어드민 시스템을 만듦
3. 블로거
    1) 상품리뷰 콘텐츠 제작
    2) 블로그 리뷰 하단에 쿠팡 파트너스 배너를 삽입해 클릭 유도
    3) 블로거가 링크한 쿠팡 파트너스 배너로 고객이 상품을 구입했을 때, 수익이 배분됨
        (1) 기본적으로 3%
        (2) 고객이 링크를 클릭한 후 24시간 내 그 링크 안에서 구매를 해야 수익이 배분됨

개조식은 마치 책 목차처럼 요점만 간추려서 정리하는 것이다. 불필

요한 조사, 접속사, 접미어, 형용사 등을 최대한 빼고 간단하게 핵심만 적는다. 앞에 1, 2, 3… 번호를 붙이면서 짧게 나열한다. 개조식의 장점은 목차 형태라서 정보의 우선순위를 쉽게 파악할 수 있다는 점이다. 요점만 적혀 있어서 이해하거나 설명하기가 쉽다. 따라서 교과서를 바탕으로 노트 필기를 할 때, 회사에서 보고서나 기획서 같은 비즈니스 문서를 작성할 때, 어떤 글을 쓰기 전 글의 구성과 논리 구조를 설계할 때 사용하면 효과적이다.

그런데 단점도 있다. 요약에 요약을 거쳐 축약본만 남게 된다는 점이다. 요약은 원본이 있을 때 의미가 있다. 원본에 자세한 내용이 있고, 요약에는 요점만 남아 있다. 원본이 없을 경우 해석과 논란의 여지를 남기는 모호함이 발생한다. 또 생략이 많으면 문맥이 자연스럽지 않고 단절되기도 한다. 자세한 정보를 얻기도 힘들다. 초등학교 다닐 때 전 과목의 교과서를 간추려놓은 '전과'라는 게 있었다. 전과를 보면 핵심만 정리돼 있어서 외우기 편하지만, 내용을 이해하려면 결국 교과서를 다시 봐야 했던 기억이 있다.

도해식 생각정리

도해식은 그림으로 생각을 정리하는 방식이다. 앞서 설명했던 트리형, 매트릭스형, 이미지형이 여기에 해당된다. 도해식으로 생각을 정리하기 위해서 가장 먼저 해야 될 일은 간단하게 원이나 네모 또는 '졸라

● 도해식 생각정리

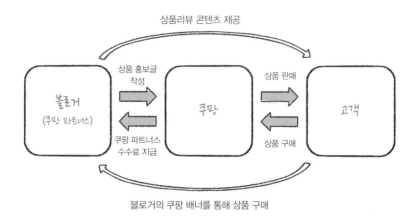

맨' 같은 형태로 인물을 표현하는 것이다. 가운데 쿠팡이 있고 왼쪽에는 블로거, 오른쪽에는 고객이 있다. 상호관계를 파악할 때는 화살표를 활용하면 관계를 쉽게 알 수 있다.

도해식 생각정리의 장점은 복잡한 내용도 간단한 그림으로 정리해 한눈에 파악 가능하다는 점이다. 또 그림을 그리면서 정리하면 정보의 핵심을 빠르게 요약할 수 있고, 상대방에게 그림을 그려가면서 설명하면 소통도 잘된다.

단점은 그림을 잘 그리지 못하는 사람들에겐 부담이 된다는 점이다. 그러나 다행히도 도해식 정리법은 예술이 아닌 간단한 기술이다. 선, 화살표, 사각형, 원 등 간단한 도형만 그릴 수 있으면 누구나 쉽게 사용할 수 있다.

● 서술식, 개조식, 도해식 비교

	서술식	개조식	도해식
이미지			
설명	줄글 형태로 풀어쓰는 정리	목차 형태로 키워드 중심으로 정리	키워드와 간단한 그림으로 정리
예시	교과서	참고서	판서
장점	많은 양의 내용을 전달할 수 있음	핵심내용을 일목요연하게 정리함	복잡한 내용도 간단히 정리됨
단점	핵심키워드가 잘 보이지 않음	내용이 생략되어 해석의 여지가 생김	정리법을 모르면 사용하기 어려움

생각정리를 잘하는 사람은 3가지 모두 사용한다!

생각정리를 잘하는 사람은 서술식, 개조식, 도해식의 장점을 잘 활용한다. 인류 역사상 가장 뛰어난 천재로 꼽히는 레오나르도 다빈치의 노트를 보라. 그는 회화, 건축, 철학, 시, 작곡, 조각, 물리학, 수학, 해부학 등 다양한 분야에 능했다. 그의 노트에는 지금 시대에도 영감을 줄 수 있는 글과 그림들로 가득 차 있다.

　서울대학교 합격생들의 노트법도 마찬가지다. 일 잘하는 사람들은 어떨까? 한국경제연구원, 기획재정부, 삼성경제연구소 등 홈페이지에 올라온 보고서나 리포트를 살펴보라. 두말할 것 없이 깔끔하게 정리돼 있을 뿐만 아니라 구조가 잘 갖춰져 있다. 공부머리(학습력)와 일머리(업무능력)를 갖고 싶다면, 생각을 정리하는 능력부터 길러야 한다.

06

이 시대에 가장 필요한 능력: 생각정리스킬

지금은 그 어느 때보다 '생각정리스킬'이 중요하다. '다보스 포럼'으로 잘 알려진 세계경제포럼world economic forum, WEF에서 2020년 발표한 '직장인들이 가져야 할 역량' 1위가 무엇인지 아는가? 바로 '복합적 문제해결 능력'이다. 2위는 비판적 사고, 3위는 창의성이다. 우리나라에서도 유사한 조사가 있었다. 국내 온라인 조사 회사 PMI가 20~59세 남녀 2,449명을 대상으로 '4차 산업혁명 시대에 가장 필요하다고 생각되는 역량'을 조사한 자료에 따르면, 1위가 문제해결력, 2위는 창의력이었다. 모두 생각정리와 관련된 역량이다.

왜 그럴까? 세상이 점점 더 복잡해지고 있기 때문이다. 정보가 넘쳐

나는 시대에는 자신에게 꼭 필요한 정보들을 큐레이션해 정리하는 능력이 반드시 필요하다. 이때 단순한 요약이 아닌 융합을 해야 하는데, 융합을 할 때는 단순한 데이터data와 정보information 들을 연결해서 새로운 지식을 만들어내는 창의력이 필요하다. 나아가 이런 지식knowledge을 경험experience과 합쳐 지혜wisdom로 만들어서 문제를 해결할 수 있어야 한다.

지식 피라미드

지식이 만들어지는 과정은 앨런 켄트로Allen Kentro의 지식삼각형knowledge triangle으로 설명할 수 있다. 이 삼각형을 피라미드라고 생각했을 때, 1층은 데이터, 2층은 정보, 3층은 지식, 4층은 지혜다. 데이터, 정보, 지식, 지혜는 모두 비슷해 보이지만 자세히 들여다보면 그 의미가 모두 다르다.

'데이터'data는 의미 없는 기록이다. 그 데이터를 의미 있게 분석한 것을 우리는 '정보'information라고 부른다. 그것을 모으고 구조화해서 이용할 가치가 있게 되면, 이것을 '지식'knowledge이라고 한다. 이 지식이 나의 경험과 만나 통찰력이 생기면 마침내 '지혜'wisdom가 된다.

우리는 많은 경험을 통해 나름대로 자신만의 빅데이터를 축적하고 그것을 정리하면서 패턴화된 지식을 갖게 된다. 지식과 경험이 쌓이면 그것이 지혜가 되어, 어떤 문제 상황에서도 쉽게 해결방법을 찾을 수

● 지식 피라미드

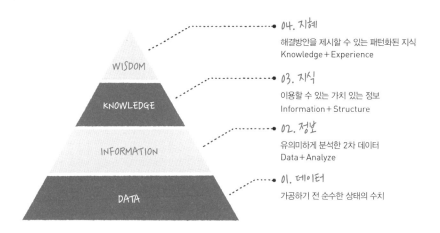

04. 지혜
해결방안을 제시할 수 있는 패턴화된 지식
Knowledge + Experience

03. 지식
이용할 수 있는 가치 있는 정보
Information + Structure

02. 정보
유의미하게 분석한 2차 데이터
Data + Analyze

01. 데이터
가공하기 전 순수한 상태의 수치

WISDOM
KNOWLEDGE
INFORMATION
DATA

있다. 그래서 지혜를 가리켜 해결방법을 제시할 수 있는 패턴화된 지식이라고 하는 것이다.

이런 지식의 창출 과정을 이해하는 게 왜 중요할까? 2가지 예시를 살펴보자. 먼저 당신이 피자집을 운영하는 사장이라고 상상해보라. 당신 앞에 영수증이 쌓여 있다. 이 영수증들은 의미 없는 숫자일 뿐이다. 그저 각각의 '데이터'에 불과하다. 그렇다면 영수증을 통해 알 수 있는 '정보'는 무엇일까? 매출 정보다. 매일매일의 매출 데이터가 모이면 이 피자집의 하루 평균 매출이라는 정보가 도출된다.

그럼 여기서 '지식'은 무엇일까? 이 피자집의 하루 평균 매출은 50만 원인데, 어제 매출은 100만 원이었다. 갑자기 왜 2배가 되었을까? 분석을 해보니, 어제는 눈이 온다는 기상청 예보가 있었다. 그래서 많은 회사원들이 점심시간에 밖에 나가지 않고 피자와 치킨, 스파게티 세트 등을 사무실로 배달시킨 것이다. 이런 연관성을 파악한 사장은 이후 눈이 오는 날에는 10퍼센트를 할인해주는 일명 '스노 쿠폰'이 들어간 전단지를 피자집 주변 회사에 돌렸다. 그랬더니 하루 매출이 200만 원까지 올라갔다.

이제 이 피자집 사장이 얻은 '지혜'를 알아보자. 그는 매출 상승 요인이 무엇인지 생각하다가, 매출이 날씨의 영향을 받을 수 있다는 것을 깨달았다. 그래서 단지 겨울에만 쿠폰을 발행하는 데 그치지 않고 봄, 여름, 가을에는 어떤 매출 수요가 있는지 파악하기 시작했다. 예를 들어, 봄에는 벚꽃을 보러 가는 사람들이 피자를 많이 주문한다면, 미리 '벚꽃 나들이 쿠폰'이 들어간 전단지를 근처 한강공원에 돌린다. 여름에는 시원한 콜라를 덤으로 주는 '핫서머 쿠폰', 가을에는 '단풍놀이 쿠폰' 등을 만드는 것이다. 이런 식으로 계절과 기후변화에 관련된 패턴화된 지식을 바탕으로 매출을 올릴 수 있는 방법을 만들어냈다. 바로 이것이 생각정리를 통해 '데이터'를 연결하고 '정보'와 '지식'을 만들어 얻은 '지혜'이다.

이처럼 지혜가 쌓이면 현상을 꿰뚫는 안목을 갖게 되는데, 우리는 이를 '혜안'이라고 부른다. 회사 내에서도 대체로 정보와 지식에 경험까지 두루 갖춘 사람들이 이런 혜안을 가지고 있는 경우가 많다.

이번에는 회사를 생각해보자. 직급이 낮거나 새로 들어온 사원에게 회사에서 지혜까지 요구하는 일은 많지 않다. 그들에게는 보통 데이터 정리나 비교적 가벼운 업무를 맡긴다. 하지만 직급이 높아질수록 분석

적이고 어려운 일을 요구받는다. 그동안의 경험을 바탕으로 패턴화된 지식을 만들어내 문제를 해결할 수 있는 솔루션을 찾아내라고 요구받는 것이다.

예전에는 보통 직급이 높은 사람들이 솔루션을 잘 찾아냈고 일도 잘했다. 하지만 세상이 달라졌다. 요즘에는 밀레니얼 세대들도 현상을 잘 분석하고, 본인들의 경험과 융합한 지혜를 발휘하는 경우가 많다. 조직문화 또한 수직에서 수평으로 변하고 있다. 그렇기 때문에 생각을 체계적으로 잘 정리하는 능력은 꼭 높은 직급의 사람들에게만 요구되는 자질이나 능력이 아니다.

요즘 세상에서 정보와 지식은 차고 넘친다. 4차 산업혁명 시대, 빅데이터 시대라고 하지만, 수많은 정보 자체가 중요한 게 아니다. 정보는 구글과 네이버에 가면 얼마든지 찾을 수 있다. 그럼 무엇이 중요한 걸까? 중요한 것은 생각을 잘 선별하고, 정리하고, 연결해 새로운 지식을 만들어내고, 문제를 해결할 수 있는 지혜를 얻을 수 있는 능력, 바로 '생각정리스킬'이다.

제2장

당신의 생각을
컨설팅해드립니다

01

[컨설팅]
원페이지:
워라밸 생각정리스킬

'워라밸 생각정리스킬'은 생각정리 컨설턴트인 내가 직접 개발한 툴이다. 종이 한 장으로 누구나 따라 할 수 있는 '신박한' 생각정리스킬이다. 앞면에서는 일work과 삶life에 대한 생각들을 균형balance 있게 정리한다. 뒷면에서는 행동계획을 7스텝 프로세스로 만든다. 생각(앞면)을 행동(뒷면)으로 이어지게 만드는 생각정리법! 지금 당장 '워라밸 생각정리스킬'을 시작해보자!

1단계: 준비하기

A4 사이즈의 종이 한 장과 펜을 준비한다. 눈에 보이지 않고 금방

사라질 수 있는 생각을 '시각화'하기 위해서다.

2단계: 종이접기

'워라밸 생각정리스킬'은 매트릭스, 즉 표의 빈칸을 활용해 생각을 정리하는 기법이다. 칸을 만들기 위해 A4용지를 반으로 총 다섯 번 접는다. 그러면 4×8, 즉 32칸이 나온다. 3단계부터 7단계까지는 '종이 앞면'의 빈칸을 활용해 생각정리를 하고, 8단계부터 10단계까지는 '종이 뒷면'을 활용해 생각정리를 한다.

● 종이접기

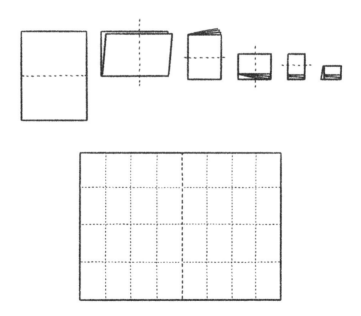

3단계: (앞면) 생각 나열하기

먼저 종이 앞면에 생각을 정리해보자. 생각정리는 나열, 분류, 배열의 흐름으로 진행한다. 먼저 '나열'이다. 머릿속에 어떤 생각들이 있는지 종이의 빈칸에 나열해본다. 왼쪽의 16칸에는 업무와 관련된 생각을 적고, 오른쪽의 16칸에는 일상과 관련된 생각을 적는다. 예를 들어, 왼쪽의 업무 칸에는 '상세페이지 디자인하기', '홈페이지 제작하기', '유튜브 기획하기', '이메일 보내기' 등을 적고, 오른쪽의 일상 칸에는 '다이어트하기', '책 읽기', '점심메뉴 고르기' 등을 적으면 된다. 최대한

● 생각 나열하기

업무(work)   일상(life)

상세 페이지 디자인하기	홈페이지 제작하기	유튜브 기획하기	이메일 보내기	다이어트 하기	책 읽기	강의 듣기	점심메뉴 고르기
스마트 스토어 운영해보기	책 쓰기	강의하기	컨설팅하기	해외 여행하기	운동하기	산책하기	옷 사기
기획서 만들기	세금계산서 발급하기	교재 발송하기	개발자 알아보기	인터넷 쇼핑하기	등산하기	유튜브 시청	넷플릭스 시청
크리에이터 섭외하기	디자이너와 회의하기	SNS 마케팅하기	회사소개서 만들기	강아지랑 놀아주기	부모님 찾아뵙기	요리 도전하기	맛집 가기

많이 적는 것을 목표로 하되, 모두 채울 필요는 없다.

보이지 않는 생각들을 끄집어내는 것만으로도 어느 정도 스트레스가 풀릴 것이다. 우리가 불안한 이유 가운데 하나는 막연해서다. 막연하면 막막해진다. 생각들을 종이에 쓰다 보면 알 수 없는 생각의 정체를 눈으로 확인할 수 있고 그러면 불안이 상당 부분 줄어든다. 기억하라. 생각정리의 시작은 머리로만 하는 게 아니라, 손으로 기록하고 동시에 눈으로 보면서 하는 것이다.

4단계: (앞면) 생각 분류하기

이제 나열된 생각들을 '분류'하자. 분류는 기준을 정해 끼리끼리 묶는 것이다. 어떻게 묶으면 좋을까? 정답이 딱 정해져 있는 것은 아니지만, 많은 사람들의 생각을 정리해본 결과 보통 '해야 하는 일', '하고 싶은 일', '고민', '아이디어' 등 크게 4가지로 분류되었다. 여기서 잠깐! 고민과 아이디어는 어떤 차이가 있을까? 고민은 A, B, C 중 하나를 선택해야 하는 상황이다. 아이디어는 어떤 일에 대한 구상으로, 좋은 결과를 만들기 위해 구체화시켜나가야 하는 생각이다.

하고 싶은 일은 ○, 해야 할 일은 □, 고민은 △, 아이디어는 ☆ 등으로 키워드 위에 표시를 해보자. 그럼 당신의 머릿속에 어떤 생각들이 있는지 한눈에 보인다. 가령 지금 고민이 많은 사람은 △가, 아이디어가 많은 사람은 ☆이 많이 그려질 것이다. 이렇게 분류 과정을 통해 머릿속 생각을 분석할 수도 있다.

● 생각 분류하기

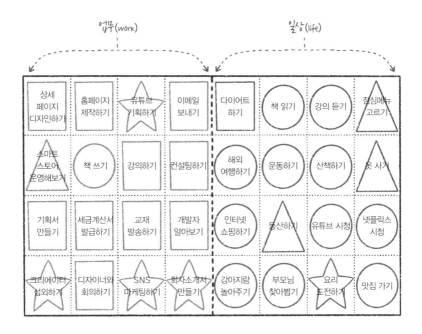

○	□	△	☆
하고 싶은 일	해야 할 일	고민	아이디어

5단계: (앞면) 불필요한 생각 버리기

생각을 분류하는 과정에서 '하지 말아야 할 일'이나 '불필요한 생각'은 과감하게 × 표시를 하며 지워나간다. 이 단계는 생각정리에서 정말 중요한 과정이다. 불필요한 생각들을 지워가면서 집중해야 하는 일, 상대적으로 더 중요한 일이 무엇인지 알 수 있게 된다.

우리에게는 시간, 사람, 자본 등 주어진 자원이 한정되어 있다. 한정된 자원으로 해야 하는 일과 하고 싶은 일에 집중하기 위해서는 불필요한 생각을 내려놓아야 한다. 그런데 생각보다 '버리기' 작업이 쉽지 않다. 여러 가지 생각이 정리되지 않은 채로 뒤엉켜 있기 때문이다. 평소 생각을 정리하는 습관을 들이지 않으면, 많은 생각 중에서 무엇을 남기고 무엇을 버려야 할지 잘 구분이 되지 않는다.

집 안 청소도 오랫동안 하지 않다가 간만에 하려면 시간도 오래 걸리고, 힘도 많이 든다. 하지만 처음이 힘들지, 일단 한번 정리를 하고

● 불필요한 생각 버리기

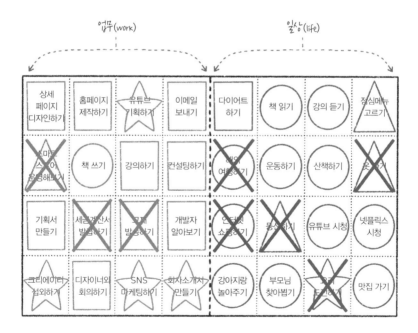

나면 그다음부터는 유지와 관리에만 신경을 쓰면 된다. 생각정리도 마찬가지다. 한번 생각을 정리해두면 다음번 정리할 때는 한결 수월해진다. 처음엔 버리기가 쉽지 않겠지만 지금 당장 나에게 중요하지 않은 것, 나의 목적과 지향하는 가치에 어긋나는 것, 내 기준에 맞지 않는 생각들은 모두 지워보자.

6단계: (앞면) 우선순위 정하기

마지막 단계인 '배열'을 할 차례다. 불필요한 생각을 다 버렸다면, 종

● 우선순위 정하기

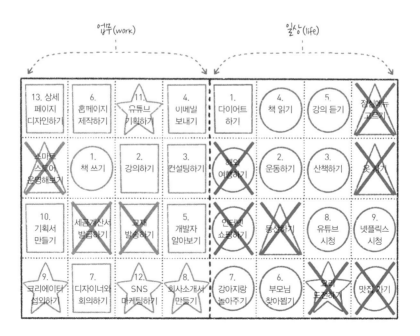

이에는 이제 하고 싶은 일, 할 수 있는 일, 해야 하는 일만 남았을 것이다. 이제 그 일들에 번호를 매길 것이다. 중요한 순서대로 1, 2, 3… 우선순위를 매겨보자. 이렇게 번호를 매기는 것만으로도 당신의 인생에서 무엇이 가장 중요한지가 한눈에 들어오고, 집중해야 할 것들이 정해진다. 당신에게 주어진 한정된 자원을 어디에 얼마나 투입하고, 어떤 일부터 실천에 옮겨야 할지 보다 쉽게 결정할 수 있을 것이다.

7단계: (앞면) 이유와 책임자와 소요시간 적기

남은 생각들에 번호를 매겨 우선순위를 정했다면 이제 그 일을 왜 하고 싶은지 '이유'를 적고, 누가 '책임'을 지고 언제 시작해서 언제 끝낼지 '기간'을 적어보자. 아래 예시처럼 칸의 가운데 적혀 있는 생각의 키워드 상단에는 이유를, 하단에는 책임자와 기간을 적으면 된다.

여기서 칸을 3등분했는데, 나는 이 작은 3단에 생각정리의 철학을 담았다. 맨 위 단은 머리, 즉 생각을 의미한다. 이성적으로 생각해서 이 일을 왜 하는지 적는다. 가운데 단은 마음, 즉 욕망을 의미한다. 내 마음이 하고 싶어 하는 걸 적는다. 맨 아래 단은 발, 즉 행동을 의미한다. 책임자와 소요시간을 적으면 당장 언제부터 실행에 옮겨야 할지 생각하게 되고, 생각이 곧 행동으로 이어질 수 있다. 책임자와 소요시간이 정해지지 않으면 일이 흐지부지되기 쉽다. 일은 주어진 시간 속에서 사람이 하는 것이다. 일을 잘 진행하기 위해서는 구체적으로 누가 언제 하는지 명확하게 적어야 한다.

자, 그럼 상단의 '이유'부터 생각해보자. 당신은 그 일을 왜 하려고

● 3등분 칸에 담긴 의미

● 예시

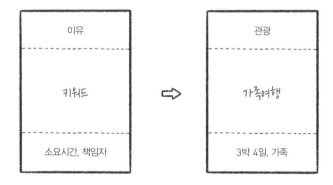

하는가? 돈을 벌고 싶어서? 재미있는 일이라서? 행복해지기 때문에?
무엇이든 상관없다. 당신이 그 일을 왜 하고 싶은지, 이유를 분명히 하
면 어떻게 해야 할지 방법이 더 구체화되고 동기부여도 된다.

하단의 소요시간은 어느 정도 걸릴지, 언제부터 언제까지 진행할 것
인지 구체적으로 적는다. 예를 들어 '1월부터 2월까지 한 달 동안', 이

● 이유와 책임자와 소요시간 적기

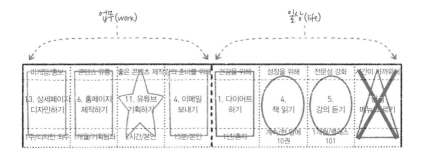

렇게 단기간을 적어도 되고, 만약 장기적으로 계속해야 하는 일이라면 '2021년부터 계속'이라고 적으면 된다.

여기서 잠깐! 5단계에서 × 표시를 한 생각들에 대해서는 왜 버렸는지, 그 이유를 생각해보자. 돈이 되지 않아서? 내 가치와 기준에 맞지 않아서? 실현 가능성이 없어서? 어떤 이유든 상관없다. 이렇게 이유를 생각하고 기록해보면 당신이 그 일을 해야 하는 이유와 하지 말아야 할 이유가 더 분명하게 보일 것이다. 이유를 알면 자신의 행동을 스스로 통제할 수 있고, 해야 할 일에 대해서는 더 큰 의욕이 생기게 된다.

8단계: (뒷면) 종이를 뒤집어 7스텝 프로세스 세우기

이유를 모두 적었다면 이제 종이를 뒤집는다. 그러면 종이 뒷면 역시 다시 4×8이 되어, 32칸짜리 빈 종이가 나온다. 여기에 조금 전 앞면에 적은 생각들 중 지금 당장 해야 하는 일이나 하고 싶은 일을 어떻게 실행할지 프로세스를 세워볼 것이다.

이 단계가 왜 중요할까? 해야 하는 일이나 하고 싶은 일을 생각에 그치지 않고 실현되도록 하려면 어떤 행동을 어떻게 이어나갈지, 구체적인 프로세스를 먼저 세워야 한다. 단순히 '그걸 하고 싶다'에서 멈추지 않고, 일이 진행되는 프로세스를 계획해봐야 구체적으로 어떤 행동을 어떻게 할지 구상이 되기 때문이다.

아무리 복잡한 일도 대부분 7스텝(단계) 내에서 프로세스가 세워진다. 참고로 인지심리학자 조지 밀러George Miller의 논문 〈마법의 수 7±2: 정보처리 용량의 몇 가지 한계〉The Magical Number Seven, Plus or Minus Two를 보면 '매직넘버 7±2'라는 용어가 나온다. 이는 인간이 단기적으로 기억할 수 있는 것이 보통 7개 정도라는 의미다. 실제로 주민등록번호나 우편번호, 차량번호 등 대부분이 7±2개의 숫자로 구성되어 있다.

● 프로세스 세우기

책 쓰기	1단계 주제선정 및 기획서 작성	2단계 출판사 계약	3단계 1차 집필 (초고)	4단계 2차 집필 (탈고)	5단계 내용 편집 및 디자인	6단계 출간	7단계 홍보 및 마케팅
유튜브 제작하기	1단계 유튜브 콘텐츠 기획	2단계 대본 제작	3단계 촬영	4단계 편집	5단계 디자인	6단계 업로드	7단계 피드백
다이어트	1단계 바디프로필 스튜디오 예약	2단계 퍼스널 트레이너 &헬스장 등록	3단계 샐러드 정기배송	4단계 운동복 사기	5단계 운동하기& 식단관리	6단계 바디프로필 의상 구매	7단계 바디프로필 촬영하기
홈페이지 제작	1단계 홈페이지 아이디어 기획	2단계 홈페이지 개발사 찾기	3단계 개발사와 계약하기	4단계 상표권 등록하기	5단계 로고 및 브랜딩 디자인	6단계 콘텐츠 촬영 및 제작	7단계 홈페이지 홍보 &마케팅

7스텝으로 나누면 일의 흐름이 한눈에 보인다. 그리고 일은 쪼개면 쪼갤수록 단순해진다. 자, 이제 당신의 일을 7스텝으로 쪼개보자. 1스텝에는 일의 시작을 적고, 7스텝에는 마지막 결과를 적으면 된다. 2~6스텝에는 7스텝까지 가기 위한 방법을 시간 순으로 적는다. 만약 5~6스텝에 끝이 나면 거기서 멈춰도 되는데, 3~4스텝은 너무 단순하기 때문에 되도록 5스텝 이상의 프로세스를 만드는 게 좋다.

이렇게 스텝을 나눠놓으면, 일을 진행할 때 어느 스텝에서 막히게 되는지, 즉 어디에서 '병목현상'이 일어나는지 파악할 수 있다. 그러면 문제가 발생하더라도 신속한 해결이 가능해진다. 일을 잘하는 사람들은 일의 프로세스 중에서 자신이 잘할 수 있는 스텝과 못하는 스텝을 구분하며, 잘 못하는 부분을 빠르게 다른 사람에게 위임하거나 또는 어떻게 보완할 수 있는지를 고민한다.

9단계: (뒷면) 7스텝의 소요시간과 책임자 적기

각 스텝마다 가운데 키워드를 중심으로 상단에는 어느 정도 시간이 소요되는지, 하단에는 누가 이 일을 책임질 것인지 적는다.

모든 일은 시간 속에서 이뤄진다. 일을 잘 진행하기 위해서는 각 스텝마다 소요시간을 정확히 파악할 필요가 있다. 각 스텝의 소요시간을 모두 더하면 그 일을 처리하는 데 필요한 총 소요시간이 된다. 여기서 팁 하나! 소요시간을 적을 때는 예상하는 시간보다 1.5배 정도 여유 있게 적는다. 일을 하다 보면 예상보다 늦어지는 경우가 생기게 되는데, 처음에 일정을 너무 타이트하게 잡으면 일정 압박 때문에 스트레스를

● 소요시간과 책임자 적기

	1개월	1일	3개월	1개월	1개월	3월 11일	계속
책 쓰기	1단계 주제선정 및 기획서 작성	2단계 출판사 계약	3단계 1차 집필(초고)	4단계 2차 집필(탈고)	5단계 내용 편집 및 디자인	6단계 출간	7단계 홍보 및 마케팅
	나	나/출판사	나	나/에디터	나/출판사	나/출판사	나/출판사
	1시간	2시간	3시간	6시간	2시간	30분	계속
유튜브 제작하기	1단계 유튜브 콘텐츠 기획	2단계 대본 제작	3단계 촬영	4단계 편집	5단계 디자인	6단계 업로드	7단계 피드백
	나	나	본인/촬영팀	나/편집자	외주 디자이너	나	나/구독자
	1일	1일	항상	1일	6개월	1일	1일
다이어트	1단계 바디프로필 스튜디오 예약	2단계 퍼스널 트레이너& 헬스장 등록	3단계 샐러드 정기배송	4단계 운동복 사기	5단계 운동하기& 식단관리	6단계 바디프로필 의상 구매	7단계 바디프로필 촬영하기
	나	나/트레이너	나	나	나/트레이너	나/스타일리스트	나/사진작가
	7일	2일	8개월	1년	1개월	1개월	3개월
홈페이지 제작	1단계 홈페이지 아이디어 기획	2단계 홈페이지 개발사 찾기	3단계 개발사와 계약하기	4단계 상표권 등록하기	5단계 로고 및 브랜딩 디자인	6단계 콘텐츠 촬영 및 제작	7단계 홈페이지 홍보&마케팅
	신사업팀	신사업팀	개발사	나	외주 디자이너	크리에이터	마케터

받을 수 있다.

세상에는 혼자 하는 일이 없다. 회사라면 동료와 함께 일을 하고, 상사에게 보고하며, 부하직원에게 일을 맡기기도 한다. 스텝마다 책임자를 적어두면 일의 주체가 명확해진다. 만약 어느 스텝에서 병목현상이 발생했는데, 그 책임자가 부하직원이라면 해결방법을 함께 고민하거나 또는 상황에 따라 책임자를 교체할 수도 있다.

10단계: 잘 보이는 곳에 붙이고 실행에 옮기기

이제 지금까지 정리한 내용을 내가 자주 볼 수 있는 곳에 붙인다. 인간은 눈에 보여야만 기억한다. 해야 할 일이라도 리마인드시켜주지 않으면 자연스럽게 기억에서 사라져버린다. 참고로, 나는 잘 보이는 곳에 이 7스텝 프로세스를 그려두기 위해 큰 칠판을 하나 샀다. 칠판에 7스텝 프로세스를 그리고, 그 위에 포스트잇으로 스텝마다 해야 할 일을 적고, 자석을 움직여 일의 진척도를 표시한다. 팀원들과 함께 일을 진행할 때도 칠판을 활용해 7스텝 프로세스를 공유하면 팀원들의 일이 어떻게 진행되고 있는지 서로서로 확인할 수 있다.

자, 지금까지 복잡한 생각을 종이 한 장으로 정리하고, 구체적인 행동으로 옮길 수 있도록 7스텝 프로세스를 세우는 방법까지 살펴봤다. 어떤가? '워라밸 생각정리스킬'을 따라 하면서 당신의 머릿속도 심플하게 정리가 되었는가? 해야 할 일과 하고 싶은 일이 단순히 생각에 그치지 않고 실현될 수 있도록 프로세스가 잘 세워졌을 것이다.

이제 당신이 해야 할 일이 한 가지 남았다. 바로 '실행'action이다.

[컨설팅]

마인드맵:
퍼스널브랜딩 & 유튜브 기획

최근에는 한 사람이 여러 가지 직업을 갖는 게 하나의 트렌드가 되었다. 이런 사람을 'N잡러'라고 하는데, 2개 이상의 복수를 뜻하는 N과 직업을 뜻하는 Job, 사람을 뜻하는 er을 조합한 신조어다. 10가지 이상의 다양한 직업을 가지고 있는 N잡러 조규림 님은 유튜브와 인스타그램, 블로그에서 〈N잡러 조규림〉을 운영하고 있다. 특히 유튜브 채널을 3년 이상 운영해왔는데, 하고 있는 일이 많다 보니 영상을 자주 업로드하지는 못했다고 한다.

그녀는 향후 유튜브 크리에이터 활동에 좀 더 집중할 계획이라고 말했다. 앞으로 유튜브 채널을 어떻게 운영할지, 어떤 콘텐츠를 만들지 고민하고 있는 그녀에게 나는 마인드맵을 활용해 아이디어를 기획해보라고 권했다.

마인드맵mind map은 '생각의 지도'라는 뜻으로, 꼬리에 꼬리를 무는 방식으로 생각을 정리하는 기법이다. (마인드맵의 자세한 사용법은 제3장을 참고하라.) 자, 지금부터 N잡러 조규림 님의 생각을 마인드맵으로 정리하는 과정을 소개할 것이다. 그 과정을 따라가며 당신의 아이디어를 정리해보길 바란다.

중심 토픽: 기획하고 싶은 아이디어 주제 적기

나는 N잡러 조규림 님의 아이디어 기획을 돕기 위해 디지털 마인드맵 '알마인드'를 켰다. 종이나 칠판을 활용해 생각을 정리할 수도 있지만, 알마인드를 켠 이유는 보다 편리하게 아이디어를 발상하고, 즉각적으

● 중심 토픽

로 수정하고, 구체화하고, 발전시켜나가기 위해서였다. 실제로는 알마인드로 정리했지만 책에서는 보기 좋게 손 마인드맵 버전으로 다시 정리해보았다.

중심 토픽에는 'N잡러 조규림'이라고 적었다. 당신도 정리하고 싶은 아이디어 주제가 있다면, 중심 토픽에 적어보라.

주요 토픽: 구체화하고 싶은 주요 키워드 적기

생각을 정리할 때는 주요 토픽에 어떤 내용을 적을지가 중요하다. 주요 토픽이 곧 우리가 정리해야 할 생각의 범위scope이기 때문이다. 유튜브 콘텐츠를 기획하는 것이니 주요 토픽을 크게 3가지로 나눴다. 첫

● 주요 토픽

째 시그니처 콘텐츠 기획, 둘째 재생목록 분류, 셋째 유튜브 운영계획. 당신도 정리하고 싶은 주요 키워드를 주요 토픽에 적어보라.

하위 토픽: 연상가지, 분류가지, 질문가지로 아이디어 구체화하기

지금부터 N잡러 조규림 님과 실제 나눈 대화를 바탕으로 마인드맵의 가지들을 그려볼 것이다. (가지는 크게 세 종류로 연상가지, 분류가지, 질문가지가 있다. 자세한 내용은 136~144쪽 참고) 이 내용을 참고해서 당신의 마인드맵을 그려보라.

1. 시그니처 콘텐츠 기획

복주환: N잡러 조규림 님의 유튜브 채널을 다른 곳과 차별화할 수 있는 콘텐츠로 어떤 게 있을까요?

N잡러 조규림: 저는 N잡러니까, 아무래도 다양한 일과 관련된 내용이 저만의 시그니처이자 오리지널 콘텐츠가 될 것 같아요.

복주환: 그럼 일과 관련해 잘되었던 콘텐츠는 무엇인가요?

N잡러 조규림: '워크맨'이라는 콘텐츠가 잘됐었고요. 음, 예전에 방송됐던 〈체험, 삶의 현장〉이라는 TV 프로그램이 떠오르네요.

복주환: 아, 그럼 '체험 N잡러의 현장!' 이런 콘텐츠는 어떨까요?

● 콘텐츠 기획

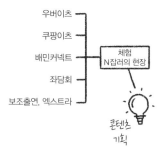

N잡러 조규림: 아주 좋은데요! 여러 가지 일을 제가 직접 체험해보고, 소개하고, 리뷰하는 것도 재미있겠어요.

복주환: 그럼 어떤 일들을 해보는 게 좋을까요?

N잡러 조규림: 우버이츠, 쿠팡이츠, 배민커넥트 같은 배달 일을 해보는 것도 좋을 것 같고요, 좌담회 방청객이나 보조출연, 엑스트라 등을 해볼 수 있을 것 같아요.

이런 식으로 함께 브레인스토밍을 하면서, 연상가지를 활용해 'N잡러'→'워크맨'→'체험, 삶의 현장'→'체험 N잡러의 현장'까지 발상해서 N잡러 조규림 님만의 시그니처 콘텐츠를 발굴했다. 이후 실제로 어떤 콘텐츠를 찍을 수 있을지 분류가지와 질문가지를 활용해 아이디어를 구체화해나갔다.

2. 재생목록 분류

복주환: 현재 재생목록은 어떻게 되어 있나요?

N잡러 조규림: N잡러, 취업&커리어, 영화리뷰, 상품리뷰, VLOG (브이로그), 방송 출연, 맛집리뷰, 뷰티 크리에이터 모드, IT&앱리뷰, 생각리뷰 등이 있어요.

복주환: 하는 분야가 다양해서 재생목록도 많군요. 조금 더 정리가 되면 좋겠어요.

N잡러 조규림: 네, 맞아요. 저도 재생목록을 정리해야겠다고 생각은 했지만, 바쁘기도 했고 어디서부터 어떻게 정리해야 할지 막막해서….

복주환: 분류는 간단해요. 기준을 정하고 하나씩 차근차근 나누면 되죠. 그럼 이제 디지털 마인드맵을 활용해서 콘텐츠들이 섞이지 않게, 재생목록을 분류하는 작업을 해볼까요?

N잡러 조규림: 네, 좋아요. 저는 크게 'N잡러의 커리어와 라이프 스타일' 콘텐츠를 할 예정이에요.

복주환: 네, 그럼 커리어 콘텐츠에는 어떤 것들이 있을까요?

N잡러 조규림: 제가 생각한 건 N잡러에 대해 소개하고 안내하는 'N잡러코치', N잡러들을 초청해서 인터뷰하는 'N잡러쇼', 여러 가지 직업을 체험해보는 신규 콘텐츠 '체험 N잡러의 현장' 등이 있어요.

복주환: 좋네요. 'N잡러'라는 카테고리에서 'N잡러 코치', 'N잡러

● 재생목록

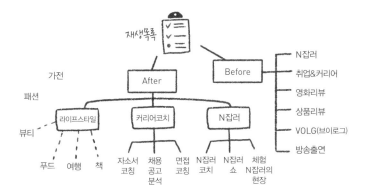

쇼', '체험 N잡러의 현장' 등을 할 수 있겠네요. 그리고 기존 취업 콘텐츠들은 계속 운영하실 예정인가요?

N잡러 조규림: 네! 취업 콘텐츠는 '커리어코치' 카테고리에서 '채용공고 분석', '자소서 코칭', '면접 코칭' 등의 콘텐츠를 할 수 있을 것 같아요!

복주환: 그럼 라이프스타일 콘텐츠에는 어떤 것들이 있을까요?

N잡러 조규림: 여행, 책, 푸드, 쿠킹, 뷰티&패션 등을 하고 싶어요.

복주환: 많은 사람들이 관심 가질 만한 흥미로운 주제들이네요. 기존에는 한 카테고리만 해야 한다는 게 정설이었는데, 고정관념을 깨는 N크리에이터시네요! '라이프스타일' 카테고리에서 '여행 크리에이터', '북 크리에이터', '푸드 크리에이터', '뷰티 크리에이터', '패션 크리에이터'로 정리해도 좋을 것 같아요.

이렇게 해서 그녀는 그동안 뒤죽박죽 엉켜 있던 재생목록을 다 지우고, 새로운 재생목록을 만들 수 있었다.

3. 유튜브 운영계획

복주환: 유튜브를 운영하면서 가장 어려운 부분은 뭔가요?

N잡러 조규림: 사실 제가 가장 어려워하는 것은 편집이에요. 편집을 하려고 프리미어프로, 뱁믹스, VREW 등 모든 프로그램을 배웠고요, 섬네일을 직접 만들기 위해서 포토샵도 배웠어요. 하지만 바쁜 와중에 직접 편집하고 섬네일을 만드는 게 생각처럼 쉽지 않더라고요.

복주환: 직접 영상을 만들기 위해 그 많은 프로그램을 배우셨다니, 정말 대단하신데요!

N잡러 조규림: 네, 처음에는 제가 필요해서 배웠는데, 지금은 유튜브 코치 활동을 하면서 영상편집을 가르쳐드리는 일도 하고 있어요. 최근에는 문화체육관광부, 고용노동부, 신한카드, 서울대학교, 카이스트, 고려대학교, 서울시 50플러스재단 등에서 유튜브 강의 및 심사위원으로도 활동하고 있고요. 그러다 보니 자연스럽게 유튜브 채널 운영보다 강의와 코칭에 시간을 더 할애하게 되었죠. 하지만 이제는 크리에이터로서도 좀 더 활발하게 활동하고, 영상도 자주 업로드하고 싶어요.

복주환: 유튜브 크리에이터라는 경험을 살려 유튜브 코치로, 또

● 운영계획

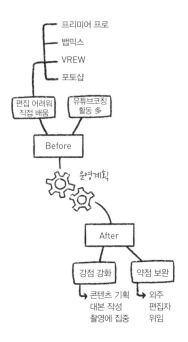

하나의 잡을 가지셨군요. N잡러 조규림 님은 경험이 많으니 콘텐츠도 정말 다양하네요. 그동안 강의를 많이 하신 덕분에 사람들에게 어려운 것도 쉽게 가르쳐주는 '전달자'의 달란트가 있어요. 영상을 꾸준히만 업로드하면 더 많은 분들이 N잡러 조규림 님의 콘텐츠를 좋아하게 될 것 같아요. 강점strength을 강화하는 방향으로 해보면 어떨까요? 그동안은 약점weakness을 보완하는 데만 초점을 맞추셨던 것 같은데….

N잡러 조규림: 네, 맞아요. 제가 가장 잘할 수 있는 일에 제 리소스를 사용하고 싶어요. 콘텐츠 기획과 대본 작성, 촬영에만 집중하는 거죠. 편집하는 시간에 오히려 책을 읽거나 새로운 것을 배워서 쉽고 재미있게 더 많은 사람들에게 알려주고 싶어요.

복주환: 바로 그거예요! N잡러 조규림 님은 콘텐츠 기획 쪽에 더 집중하는 게 좋을 것 같아요. 부담을 느끼시는 편집은 과감하게 N잡러 조규림 님보다 더 잘 하는 분에게 맡겨보는 거예요.

N잡러 조규림: 예전부터 한 편집자에게 지속적으로 의뢰를 하고 싶었어요. 그런데 외주를 하다가 다시 제가 하고, 또 다른 곳에 외주를 맡겨보고, 다시 제가 하는 상황의 반복이었죠.

복주환: 이제 N잡러 조규림 님 마음에 쏙 드는 고품질의 편집을 할 수 있는 외주 편집자를 찾아보는 것이 좋겠네요.

디지털 마인드맵을 활용해 대화를 나누고 질문을 하면서 생각을 정리했다. 조언consulting & advice을 하기보다는 질문을 통한 코칭coaching & question을 통해 그녀가 실질적으로 할 수 있는 일들을 이끌어냈다. 이런 식으로 함께 생각을 정리하다 보면, 답은 이미 본인이 가지고 있는 경우가 많다. 다만 생각을 정리하는 방법을 잘 몰라서 쉽게 찾지 못할 뿐이다. 그래서 질문을 통해 자기만의 답과 해결책을 찾을 수 있도록 돕는 것이다.

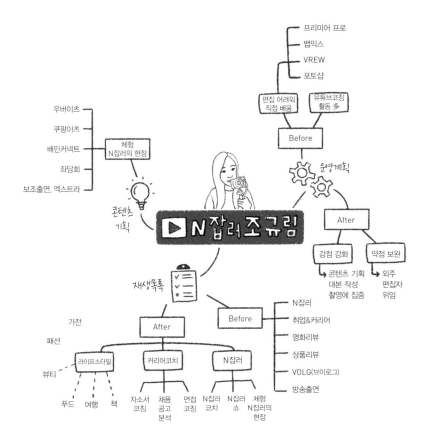

[컨설팅]
로직트리:
돈을 만드는 생각정리법

생각정리가 돈관리에도 도움이 될까? 그렇다! 생각정리법만 제대로 알아도 돈이 모이기 시작한다.

돈을 모으기 위해서는 돈이 들어오는 곳과 빠져나가는 곳을 한 페이지로 정리해서 볼 수 있어야 한다. 나만의 방식으로 돈을 만들 수 있는 방법을 시각화하고 구체화하기 위해 '돈을 만드는 로직트리'를 설계해볼 것이다.

로직트리logic tree는 '논리의 나무'라는 뜻으로, 어떤 주제나 문제를 나뭇가지 형태로 세분화하고 정리할 때 사용하는 툴이다. 현황을 파악하는 왓트리What tree, 원인을 분석하는 와이트리Why tree, 방법을 찾아

내는 하우트리How tree가 있으며, 이 순서대로 생각을 정리하면 논리정
연하게 문제를 해결해나갈 수 있다.

'돈을 만드는 로직트리'를 그릴 때 주의해야 할 점이 있다. 돈을 만
들 수 있는 효과적인 방법을 당장 찾겠다고 하우트리부터 그려서는 안
된다. (이를 '하우 사고의 함정'이라고 한다. 253~254쪽 참조) '주식투자를 한
다', '적금을 한다' 등 방법부터 떠올리기 쉽지만, 먼저 왓트리를 통해
자신의 순자산과 수입지출 등 현황을 파악해야 한다. 그래야 원인 분
석으로 넘어갈 수 있다. 만일 와이트리를 통해 돈이 모이지 않는 진짜
이유를 분석하지 못한다면, 엉뚱하고 비현실적인 방법이 도출될 수밖
에 없다.

What tree, 현황 파악

왓트리를 통해 문제의 전체 상황을 그려보는 동시에 구성요소를 분해
해볼 수 있다.

1. 순자산 파악하기

먼저 순자산부터 파악해보자. 순자산은 '자산 빼기 부채'라고 생각
하면 쉽다. 순자산을 로직트리로 파악하려면, 먼저 중심 토픽에 '순자
산 파악(자산-부채)'이라고 적는다. 주요 토픽에는 '자산'과 '부채'를 각
각 적는다. '자산'의 하위 토픽에는 집, 집 이외의 부동산, 예금, 현금,

● What tree 돈관리: 순자산 파악

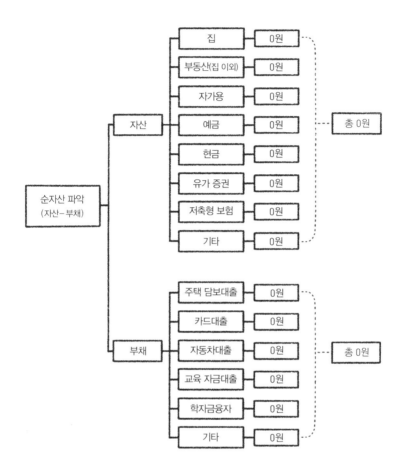

유가증권, 저축형 보험 등이 각각 얼마나 있는지를 적는다. '부채'의 하위 토픽에는 주택담보대출, 카드대출, 자동차대출, 교육자금대출, 학자금융자 등이 각각 얼마나 있는지 적는다. 하위 토픽 각각의 액수를 모두 합산하면 자산과 부채를 알 수 있고, 자산에서 부채를 빼면 순자

● What tree 돈관리: 수입지출 현황 파악

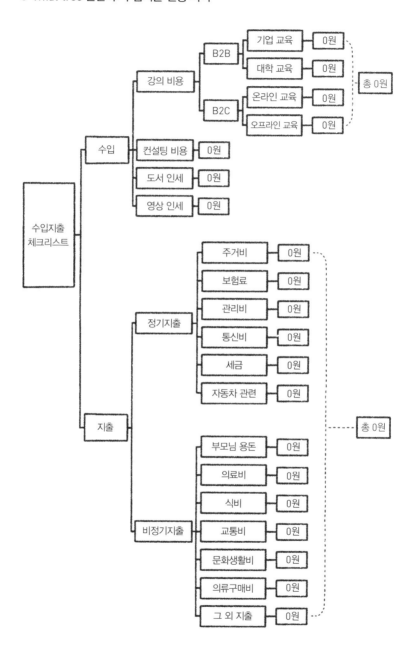

산이 된다.

2. 수입지출 현황 파악하기

자신의 경제 상황을 좀 더 세부적으로 살펴보기 위해 이번에는 왓 트리로 수입지출 현황을 파악해보자. 로직트리 중심 토픽에는 '수입지 출 체크리스트', 주요 토픽에는 '수입'과 '지출'을 각각 적는다.

나의 경우 '수입'은 강의료, 컨설팅료, 도서인세, 영상인세 등이 있 다. 강의료는 다시 B2B, B2C로 분류된다. B2B는 기업 교육과 대학 교 육 등으로 나뉘며, B2C는 온라인 교육과 오프라인 교육 등으로 나뉜 다. 이렇게 토픽을 분해해서 월수입이 얼마인지 합산한다.

'지출'은 정기지출과 비정기지출로 나뉜다. 정기지출은 주거비, 보 험료, 관리비, 통신비, 세금, 자동차 관련 비용 등이 있다. 비정기지출 은 부모님 용돈, 의료비, 교통비, 문화생활비, 의류구매비 등이 있다. 이를 합산하면 평균 월지출이 얼마인지 알 수 있다.

Why tree, 원인 분석

와이트리를 그려나가다 보면 막연하게 생각했던 문제가 점점 구체화 되고 세분화된다. 그 과정에서 문제의 진짜 원인이 어디에 있는지 발 견할 수 있다.

'돈이 모이지 않는 진짜 이유'를 와이트리를 활용해 찾아보자. 먼저

● Why tree 돈이 모이지 않는 이유

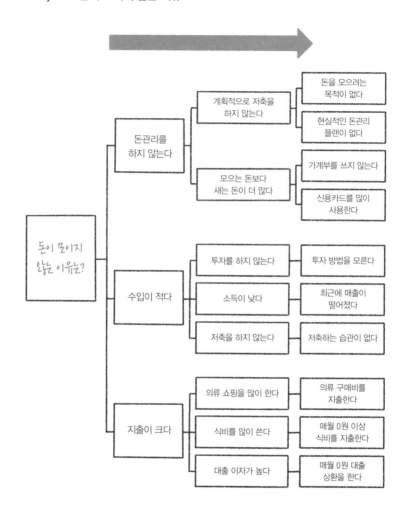

중심 토픽에 '돈이 모이지 않는 이유는?'이라고 적는다. 그다음 그 이
유가 무엇인지 생각해서 주요 토픽에 적는다. 예를 들어, '돈관리를 하

지 않는다', '수입이 적다', '지출이 크다' 등. 여기서 한 단계 더 들어가 각각의 구체적인 이유가 무엇인지 적어본다. '돈관리를 하지 않는다' 를 쪼개면 '계획적으로 저축을 하지 않는다', '모으는 돈보다 새는 돈이 더 많다' 등의 구체적인 이유가 나온다. 다시 '계획적으로 저축을 하지 않는다'를 쪼개면 '돈을 모으려는 목적이 없다', '현실적인 돈관리 플랜 이 없다' 등이 나오고, '모으는 돈보다 새는 돈이 더 많다'를 쪼개면 '가 계부를 쓰지 않는다', '신용카드를 많이 사용한다' 등이 나온다. 이렇게 쪼개면 쪼갤수록 문제가 분명하게 보인다.

Where, 문제의 본질 찾기

문제에는 눈에 보이는 '현상'과 보이지 않는 '진짜 원인'이 있다. 이를 구분하지 못하면 엉뚱한 방향으로 문제해결을 할 수 있다. 우리가 와 이트리를 그리는 목적은 문제의 진짜 원인이 어디where에 있는지를 찾 기 위해서다. 그래야 가장 좋은 해결방안을 세울 수 있기 때문이다.

문제의 진짜 원인을 찾을 수 있는 좋은 방법으로 와이트리에 5와이 why를 적용하는 방법이 있다. 최소 다섯 번 '와이'를 던져보는 것이다.

- 1Why: 돈이 모이지 않는다. 왜?
- 2Why: 지출이 크다. 왜?
- 3Why: 부모님께 용돈을 많이 드린다(현재 월지출에서 가장 큰 부

분). 왜?

- 4Why: 부모님께서 몇 년 전 정년퇴직을 하셨다. 왜?
- 5Why: 연세가 많으시다. 부모님은 새로운 일에 도전해보고 싶어 하신다. 요즘에는 회사가 아니라도 집에서도 할 수 있는 일이 많아졌고, '100세 시대'이므로 노년에 즐기면서 할 수 있는 일을 찾고자 하신다.
- How: 부모님이 하실 수 있는 일을 함께 찾아드리면 어떨까? 예를 들어, 행정복지센터에서 60대 이상에게 일자리를 지원해주는 제도를 찾아본다. 또는 내가 하는 일 중 간단하게 처리할 수 있는 일을 분배하고 가르쳐드린다. 온라인 쇼핑몰 운영 교육을 듣고 직접 하실 수 있도록 교육을 알아보고 지원해드린다….

단순히 '연세가 많으셔서 일을 못한다'에서 그치지 않고, 5와이를 통해 다양한 해결책을 도출해냈다. 이처럼 문제해결에서 가장 중요한 포인트는 웨어where다. 문제의 진짜 원인이 어디에 있는지 발견하면 자연스럽게 하우How로 이어져 지혜로운 방법을 찾을 수 있다.

How tree, 해결방안

해결방안은 많으면 많을수록 좋다. 브레인스토밍하듯이 가능성 있는 아이디어를 최대한 많이 떠올려야 한다. 로직트리로 해결방안을 찾으

● How tree 돈을 불리는 방법

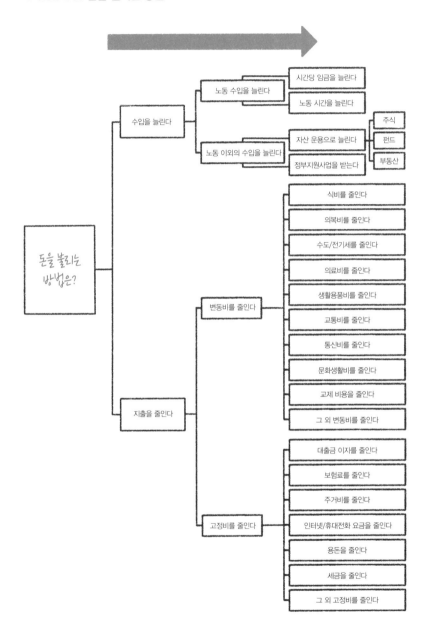

려면 중심 토픽에 '돈을 불리는 방법'이라고 적는다. 주요 토픽에는 '수입을 늘린다'와 '지출을 줄인다'를 각각 적는다.

그리고 나서 구체적으로 어떤 방법이 있는지 생각하며 아이디어를 적는다. 예를 들어, '수입을 늘린다'에는 '노동 수입을 늘린다', '노동 이외의 수입(투자 등)을 늘린다'라고 적고, 다시 노동 수입을 늘리기 위해서 '시간당 임금을 늘린다', '노동 시간을 늘린다' 등을 적는다. 그리고 시간당 임금을 늘리기 위해서, 노동 시간을 늘리기 위해서 구체적으로 어떻게 할지 아이디어를 최대한 많이 적어본다. 예를 들어 '시간당 임금을 늘린다'의 경우 '잔업(야근)을 한다', '몸값을 올린다', '현재 직업 외 새로운 일을 추가적으로 한다' 등을 생각할 수 있다.

아이디어 발상을 할 때 "그리고? 또?"라는 질문을 던지면 새로운 아이디어를 도출해낼 수 있다. 아이디어를 발상할 때는 '브레인스토밍 4대 원칙'을 기억해야 한다. 아이디어는 ① 자유로운 분위기, ② 비판 금지, ③ 질보다는 양, ④ 결합과 개선을 통해 만들어진다. 실현 불가능해 보일지라도 미리 걸러내지 말고, 최대한 많이 떠올려보자.

[컨설팅]
만다라트:
위기를 기회로 만드는 생존전략

만다라트mandalart는 '목표를 달성하다'manda+la와 '기술'art을 결합한 단어로, 목표를 설정할 때 유용한 생각정리 툴이다. 이는 일본의 야구선수 오타니 쇼헤이가 성공비결로 언급하면서 화제가 되었다. 만다라트는 사용법이 매우 간단한 반면 활용도가 높아서 목표설정뿐만 아니라 의사결정, 아이디어 발상, 콘텐츠 기획 등에 사용되고 있다.

나는 첫 책《생각정리스킬》에서 만다라트를 활용해 책의 내용을 한 페이지로 정리했다. 많은 독자들이 "만다라트를 통해 책의 내용을 한눈에 볼 수 있어 좋았다"면서, "일목요연한 요약 덕분에 책 내용이 더 잘 이해되고 기억에 오래 남았다"는 후기를 남겨주었다.

● 생각정리스킬 만다라트

복잡한 인생	어쩌면 당신의 이야기	모두에게 필요한 생각정리
생각정리 강연회	1장 필요성	생각 업그레이드
생각정리 스킬이 있는 사람	생각정리 기술	집행력 향상 비법

생각정리 잘하는 법	생각의 시각화	두뇌 활동
전두엽	2장 원리	생각정리 도구
우뇌 발상 좌뇌 정리	나열 분류 배열	질문 확장 정리

생각정리 로드맵	생각정리 활용법	당신에게 필요한 생각 도구
만다라트	3장 생각정리	목표달성 기술
결정장애 증후군	마인드맵	3의 로직트리

기획이란 생각정리	기획과 계획	니즈와 원츠
문제해결	4장 기획	브레인 스토밍
브레인 라이팅	퀘스천맵	한 페이지 기획서

1장 필요성	2장 원리	3장 생각정리
4장 기획	생각 정리스킬	5장 독서
6장 스피치	7장 인생	추천 Tool

독서 전	기억에 남지 않는 이유	제목 속에 답이 있다
독서 중	5장 독서	목차의 구성을 기억하라
독서 후	여백에 생각을 정리하라	독서 리스트 작성

스피치가 두려운 당신	메라비언 법칙은 오해다	스피치 생각정리 프로세스
대상과 목적 분석	6장 스피치	주제 선정
질문 나열	목차 설계	내용 작성

다이어리	일기쓰기 실패 이유	과거 추억 일기
미래 설계 일기	7장 인생	인생 실천 목표
생각의 빅데이터	인생 그래프	버킷 리스트

만다라트	마인드맵	로직트리
브레인 스토밍	추천 Tool	퀘스천맵
알마인드	에버노트	나만의 도구를 찾아라

만다라트의 장점은?

첫째, 한 페이지로 내용을 파악할 수 있다. 생각정리를 하는 데 있어서 수많은 아이디어를 한눈에 볼 수 있다는 것은 매우 중요하다. 만다라트는 종이에 가로세로 9칸씩 모두 81칸의 사각형을 그리는 것으로 시작하는데, 완성되면 모든 내용이 한눈에 들어온다.

둘째, 아이디어를 쉽게 떠올릴 수 있다. 인간은 빈칸이 있으면 채우고 싶어 하기 때문에, 빠르게 아이디어를 발상할 수 있다. 또 세부 내용을 채워가는 과정에서 목표에 대한 계획이 구체화된다.

셋째, 만다라트는 구조 자체가 활짝 핀 연꽃 모양으로 되어 있어 균형감 있게 생각을 정리할 수 있다. 만다라트는 중심 토픽, 주요 토픽, 하위 토픽 3단으로 나뉘는데, 이 순서대로 생각을 정리하면 자연스럽게 상위 논리체계가 형성된다.

가운데 '중심 토픽'에 핵심 주제 또는 최종 목표를 적고, 그걸 둘러싼 8칸의 '주요 토픽'에는 주제에 대한 주요 키워드를 적는다. 그 8개의 키워드를 주변으로 확장해서 각각의 '하위 토픽' 8칸에 세부 실천 내용 또는 아이디어를 나열한다.

내용을 모두 정리했으면 '우선순위'를 생각하며 번호를 매긴다. 만다라트를 모두 완성했으면 눈에 잘 보이는 곳에 붙여두고 '실행'으로 옮긴다.

만다라트로 '코로나 이후 생존전략' 세우기

이제 직접 만다라트를 그려보자. 이번에 정리해볼 주제는 '코로나 이후 생존전략'이다. 코로나19로 인해 세상이 완전히 달라졌다. 코로나19 이후 세상에서 나는 어떻게 살아가야 할까?

1. 중심 토픽

먼저 중심 토픽에 '코로나 이후 생존전략'이라고 적는다. 중심 토픽의 역할은 무엇일까? 중심 주제에 대한 집중이다. 중심 토픽이 없으면 생각이 보이지 않고 산만해서 쉽게 집중할 수가 없다. 중심 토픽을 적고 나면 당신의 머릿속은 온통 '코로나 세상에서 어떻게 살아남을 수 있을 것인가'에만 집중하게 된다.

당신이 운동화를 사야겠다는 마음을 굳힌 후에는 거리를 걸을 때에

● 중심 토픽

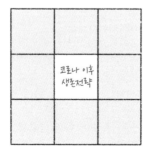

도 다른 사람들의 운동화만 보이고, 펌을 하고 싶다면 TV나 SNS에서도 다른 사람들의 머리 스타일만 눈에 띄는 것과 같은 이치다. 이렇게 우리 뇌가 외부로부터 주어지는 자극 가운데 특정한 것에만 관심을 기울이는 현상을 인지심리학에서는 '선택적 주의'selective attention라고 한다.

2. 주요 토픽

주요 토픽을 작성할 때는 8가지 영역이 한쪽에 치우치지 않도록 균형 있게 안배해야 한다. 그러려면 주제에 관련된 전문가들의 의견이나 도서 등을 참고할 필요가 있다. 나의 경우, 어떤 주제에 관심이 생기면 관련 도서를 10권 이상 읽는다. 책을 읽을 때는 먼저 입문서를 통해 주제에 대한 이해도를 높이고, 개론서를 읽으면서 큰 틀을 잡는다. 그렇게 어느 정도 지식이 쌓이면 전문서적을 읽으며 지식을 쌓아간다. 그러면서 기존의 내 지식과 비교·대조해 생각을 균형 있게 정리한다.

'코로나 이후 생존전략'과 관련해 큰 틀을 잡아볼 수 있는 입문서로

● 주요 토픽

생각정리 클래스	온라인 강의 제작	재택근무 환경 조성
온택트 전략 SNS 운영	코로나 이후 생존전략	인간관계
자기계발	도서 출간	건강관리

MKYU 김미경 대표의 《리부트》를 권한다. 이 책에서는 코로나19 세상에서의 주요 키워드로 4가지를 강조한다. ① 온택트on-tact(온라인을 통해 대면하는 방식), ② 디지털 트랜스포메이션digital transformation ③ 인디펜던트 워커independent worker, ④ 안전에 대한 감성safety. 이런 기준을 참고해서 세운 자신의 목표를 주요 토픽에 적으면 된다.

나는 주요 토픽을 이렇게 적었다. '디지털 트랜스포메이션과 온택트를 위해 자체 플랫폼 〈생각정리클래스〉 개발하기', '온라인 강의 제작하기', 'SNS 활발하게 운영하기', '인디펜던트 워커의 삶을 위해 재택근무 환경 조성하기', '건강관리하기', '자기계발하기' 등.

3. 하위 토픽

하위 토픽에는 주요 키워드에 대한 세부 실천 내용이나 아이디어 등을 적는다. 세부 계획은 어떻게 세워야 할까? 'SMART'하게 작성해야 한다. 좋은 목표는 구체적이고Specific, 측정 가능하며Measurable, 행동으로 옮길 수 있고Action-oriented, 현실적이고 타당하며Realistic, 마감기한Time-bound이 있어야 한다. (SMART 기법의 자세한 내용은 214~220쪽 참조)

4. 우선순위

마지막으로 번호를 매겨 우선순위를 정한다. 중요도에 따라 1, 2, 3, 4, 5… 번호를 매기는 것만으로도 생각이 명확하게 정리된다. 이는 '두뇌의 CEO'라 불리는 전두엽이 담당하는 집행력을 활용해 생각을 정리하는 것이다. 집행력은 정보를 조직화하고 체계적으로 일을 수행하는 능력이다. 평소 해야 할 일에 대해 우선순위를 자주 생각하면 집행력이 점점 강화되는데, 그러면 행동이 빨라지고 실수가 줄어들며, 계획대로 목표를 이룰 수 있게 된다.

5. 완성하기

만다라트를 작성하다가 아이디어가 생각나지 않으면 어떻게 해야 할까? 5W3H 질문을 던져보자. 누가who, 언제when, 어디서where, 무엇을what, 왜why, 어떻게how, 얼마나 많이How many, 어느 정도의 비용으로How much 할 것인지 스스로 질문해보는 것이다. 생각정리를 할 때 우리는 보통 질문보다 답부터 말하곤 한다. 그러면 처음에는 생각이 잘 떠오를 수 있지만, 어느 순간 턱 막히게 된다. 닫힌 생각을 열어주는 것은 답이 아니라 질문이다. 5W3H를 활용해 질문을 던지다 보면 다양한 내용을 끌어낼 수 있다.

만다라트를 완성하는 또 한 가지 팁은 시간을 정해놓는 것이다. 예를 들어, 작성 시간을 15~30분으로 정해두면 집중력이 높아지고 아이디어도 쉽게 떠오른다. 심리학에서는 이를 '마감 효과'deadline effect라고 부른다.

6. 함께하기

만다라트는 한 번만 그리고 끝내는 게 아니다. 정기적으로 하는 것이 가장 효과적이다. 나는 월별, 분기별, 연별로 만다라트를 그리며 계획을 세운다. 달마다 또는 분기마다 하기가 부담스러우면 연말이나 연초에

● 비즈니스 만다라트 전체

2021년 제작	2월 운영시작 목표	디지털 마인드맵 온라인 강의
제작비 최대 8,000만 원	생각정리 클래스	양질의 생각정리 콘텐츠 제공
창업 도약 패키지 알아보기	웹/앱 플랫폼	크리에이터 섭외

돈 만드는 생각정리법	생각정리 무작정 따라하기	말 잘하는 방법
퍼스널 브랜딩 하는 방법	온라인 강의 제작	책 쓰는 방법
디지털 마인드맵 마스터	디지털 마인드맵 기본 사용법	기억에 남는 독서법

타블렛 구매하기	모션 데스크 구매하기	프롬프터 활용하기
최신 촬영 장비 준비하기	재택근무 환경 조성	작은 방에 서재 마련하기
청결한 공간을 위해 자주 청소하기	가끔 카페에서 일하기	줌으로 협업하기

유튜브 제작	인스타그램	페이스북
카카오톡 플러스 친구	온택트 전략 SNS 운영	네이버 카페
하루 1개 포스팅	주 2회 유튜브 제작	유능하고 센스 있는 편집자 찾기

생각정리 클래스	온라인 강의 제작	재택근무 환경 조성
온택트 전략 SNS 운영	코로나 이후 생존전략	인간관계
자기계발	도서 출간	건강관리

엄마	학습자/독자/구독자	친구
선생님	인간관계	친척
자주 연락하고 인사 드리기	의미 있는 시간 마련하기	함께 여행가기

펜글씨 연습	영어 공부	운동
경영학 교육학 뇌과학 심리학 지속적으로 공부	자기계발	독서
강의력 강화	예술작품 관람	판서 강의 연습

2021년 3월 출간	당신의 생각을 정리해 드립니다	종합 베스트셀러
비즈니스 북스	도서 출간	독자들과 자주 소통하기
독자들에게 도움이 되는 책 쓰기	군더더기 없이 꼭 필요한 내용만 쓰기	생각정리 계속 연구하기

헬스 주 4~5회	채식 위주의 건강한 식단	점심시간에 15분 산책하기
주 1회 완전한 휴식	건강관리	스트레스 줄이기
미소 스트레칭 하기	매일 15분 얼굴 마사지하기	잠 충분히 자기

적어도 한 번은 만다라트를 그려보자. 혼자 그려도 좋고, 가족이나 직장 동료들과 함께 그리고 돌아가면서 발표를 해보는 것도 좋다. 꿈과 목표, 미래 계획에 대해서 적어보고, 그 내용과 느낀 점을 주변 사람들과 나누

는 것만으로도 목표에 한 걸음 다가서는 의미 있는 시간이 될 것이다.

특히 SNS를 활용해 만다라트를 공개하고 함께 응원해주는 문화를 만들어보면 어떨까? 인스타, 블로그, 페이스북 등에 당신이 그린 만다라트를 올리고 해시태그로 #생정해, #당신의생각을정리해드립니다, #생각정리스킬, #만다라트 등을 남겨보자. 그럼 해시태그를 타고 들어가 나와 이 책을 함께 보고 있는 독자들이 응원의 메시지를 남길 것이다.

[컨설팅]

사명선언문:
삶의 의미를 발견하는 방법

목표를 설정하기 전에 '목적'부터 분명하게 해야 목표에 대한 방향성과 계획이 제대로 세워진다. 목표와 목적은 단어가 비슷해서 혼동하기 쉽지만, 분명한 차이가 있다. 목표는 목적을 이루기 위해 구체적으로 해야 할 일이고, 목적은 궁극적으로 도달하고자 하는 방향, 즉 지향점이다. 세부적인 목표들을 통해서 목적을 이룰 수 있다.

여행을 간다고 생각해보자. 가장 먼저 해야 하는 일은 무엇일까? 보통은 '어디에 갈까?', '누구와 갈까?', '무엇을 할까?', '예산은 얼마로 정할까?', '어떤 음식을 먹을까?'를 먼저 생각한다. 여행의 목표와 계획부터 생각하는 것이다. 하지만 더 좋은 여행을 하기 위해서는 여행의 목적부터 생각해봐야 한다. 여행을 '왜' 가는지를 먼저 생각하는 것이다.

여행을 가고 싶은 이유가 휴식인지, 맛집 탐방인지, 관광인지, 쇼핑인지, 가족 또는 친구와의 관계 증진인지 등에 따라 여행 계획이 완전히 달라진다. 여행지와 가는 방법은 물론 머무는 장소와 세부 일정, 동행자, 예산, 준비물 등이 모두 달라지는 것이다. 인생이라는 긴 여정의 여행도 마찬가지다. 삶의 목적을 발견하면 방향이 잡히고, 세부 목표와 계획도 구체적으로 세워진다. 그런데 우리는 목적 없이 남들이 좋다고 하는 목표만을 좇는 경우가 많다. 청소년기에는 '좋은 대학', 취업을 앞두고는 '대기업', 결혼해서는 '내 집 마련' 등.

여기서 잠깐! 이런 목표들은 과연 어디에서 생겨났을까? 대부분은 자신의 내면이 아닌, 세상이 정한 기준에 의해 만들어졌을 것이다. 다른 사람들이 좋은 대학에 들어가야 한다고 하니까, 대기업에 입사해야만 성공한 인생으로 쳐주니까…. 내 삶의 목적은 깊게 생각해보지 않고, 다른 사람들이 좋다고 하는 것들을 무작정 좇아가고 있는 것이다. 하지만 내 것이 아닌 타인의 목표를 좇다 보면 어느 순간 허무함이 밀려든다. 살아갈 이유가 없으면, 살아갈 힘도 없어진다. 결국 무기력에 빠지게 된다.

목표설정은 내 안의 기준, 즉 내 삶의 목적으로부터 시작되어야 한다. 그러려면 어떻게 해야 할까? 자신에게 질문을 던져야 한다.

- 내가 이 세상에 온 이유(목적)는 무엇일까?
- 나는 무엇을 위해 이 세상에 존재할까?

- 어떻게 사는 것이 의미 있고 보람차며 바람직한가?
- 이 세상에서 오직 나만이 할 수 있는 일은 무엇일까?
- 나보다 더 크고 오래 지속되는 이 세상에 무엇을 남길 것인가?

이런 고민은 우리에게 당장 이익을 가져다주지는 않는다. 그래서 시간낭비라고 생각될지도 모른다. 그럴 시간에 일을 하나라도 더 하고, 돈을 조금이라도 더 버는 게 현실적으로 나을 수도 있다. 하지만 위와 같은 질문을 던지는 과정에서 삶의 목적이 분명해질 뿐 아니라, 다음과 같은 효과를 얻을 수 있다.

- 어디로 가야 하는지, 인생의 방향을 잡을 수 있다.
- 미래를 꿈꿀 수 있고, 긍정적으로 동기부여가 된다.
- 이윤추구를 넘어 의미와 가치가 있는 일을 할 수 있게 된다.
- 방향이 정해지면 해야 할 일들이 분명해진다.
- 업무생산성이 높아지고 좋은 성과로 이어진다.
- 성공한 인생을 넘어 행복한 인생을 꿈꾸게 된다.

작은 산에 오를 때도 우리는 정상까지의 코스를 염두에 두고 등산을 시작한다. 인생을 살아가면서 어떤 목표를 설정할 때도 그것을 실현할 수 있는 코스를 미리 생각해두는 것이 필요하다. 그 코스를 정리하기에 가장 적합한 툴이 바로 피라미드 형태의 '사명선언문'으로, 삶의 의미와 방향을 찾을 수 있도록 도와준다. 이를 활용하면 개인이나

● 피라미드 형태의 사명선언문 예시

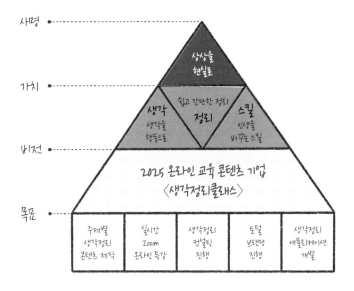

조직이 무엇을 목표로 삼고 있는지 일목요연하게 정리할 수 있다.

'사명선언문'에는 사명, 가치, 비전, 목표라는 4가지 항목이 있다. 사명mission은 우리가 존재하는 근본적인 이유다. 가치value는 사명을 실현하는 데 있어서 중요하게 생각하는 신념이다. 비전vision은 꿈꾸고 있는 가장 이상적인 미래 모습이다. 목표goal는 비전을 향해서 나아갈 때 이뤄야 할 도전과제다. 이런 일련의 흐름으로 생각을 정리하는 '사명선언문'을 활용하면 인생을 보는 눈이 달라진다. 단지 눈앞의 목표만을 생각하는 게 아니라 인생의 큰 흐름 안에서, 내가 무엇을 위해(사명) 어떤 가치를 가지고(가치) 어떤 모습으로(비전) 어떻게 나아갈지(목표) 사명 피라미드를 그릴 수 있게 된다.

1단계: 사명

사명은 '맡겨진 임무' 또는 '수행해야 할 일'을 의미한다. 비슷한 말로는 소명calling이 있는데, 종교적 의미에서 '신이나 절대자로부터 부르심을 받은 일'을 뜻한다. 꼭 종교적인 것이 아니더라도 살아가면서 한 번쯤 자신의 '사명'이 무엇인지 생각해볼 필요가 있다. 역사상 위대한 사람이나 기업은 하나같이 뚜렷한 사명을 갖고 있었다.

그렇다면 나의 사명은 무엇일까? 각자의 인생에 특별한 공식이 있을 수 없듯, 사명에도 하나의 정답이 있는 것은 아니다. 만약 종교가 있는 사람이라면 사명은 신이 부여해주는 것이라고 믿겠지만, 그렇지 않은 사람은 스스로 자신의 사명을 찾아야 한다. 아래 예시된 사명 작성 프레임워크를 활용하면 자신이 진정 원하는 것이 무엇인지, 그것을 이루기 위해서 어떻게 살아야 할지 정리하는 데 도움이 될 것이다.

[예시1] 복주환의 생각정리클래스
복주환의 사명은 생각정리스킬 교육을 통해 사람들이 '생각을 행동으로', '상상을 현실로' 만들 수 있도록 돕는 것이다.

[예시2] N잡러 놀이터(온라인 커뮤니티 플랫폼)
N잡러 놀이터의 사명은 N잡러들이 온라인 공간에 모여 서로 다양한 정보를 나누고 소통할 수 있도록 커뮤니티를 만들고 활성화하는 것이다. 이러한 커뮤니티를 통해, 정보교류 및 학습을 하면서 N잡러로서 역량과 전문성을 다지고

자신감 있게 활동할 수 있도록 도움을 주는 것이다.

[예시3] K-인플루언서(강연 에이전시)

K-인플루언서의 사명은 대한민국의 K-인플루언서들이 강의, 강연, 영상, 책 등 다양한 무대와 콘텐츠로 활동할 수 있도록 돕고 사람들에게 선한 영향력을 주는 것이다.

[예시4] 디자이너 최은빈(DE.BLUR 대표)

디블러의 사명은 디자인을 함으로써 브랜드가 정체성을 갖도록 하는 데 있다. 세상에 보이게 하여 브랜드를 가진 사람/회사, 브랜드를 바라보는 사람, 모두가 감동을 느낄 수 있도록 하는 것이다.

[정리해보기]

_____의 사명은 _____

_____이다.

2단계: 가치

당신은 인생을 살아가면서 어떤 가치를 가장 중요하게 여기는가? 가치는 당신의 인생을 다른 사람과 차별화하는 중요한 요소다. 지구상에 당신과 똑같은 가치를 가지고 살아가는 사람은 단 한 명도 없다. '가치'라는 말을 어렵게 생각하지 말자. 살아가면서 결정을 내리는 순간마다 나만의 또는 내가 속한 조직만의 기준이 있을 것이다. 나만의 좌우명이나 생활신조처럼, 살면서 꼭 지키고자 하는 나만의 기준들을 단어나 문장으로 적으면 쉽게 파악된다. 아래 예시를 참고해 3~5개의 가치목록을 적어보고, 중요도에 따라 우선순위를 매겨보자.

[예시1] 복주환의 생각정리클래스

함께 성장하는	생각을 행동으로 바꾸는	상상을 현실로 바꾸는	문제를 해결할 수 있는	실용적이고 효과적인

[예시2] N잡러 놀이터(온라인 커뮤니티 플랫폼)

재미있는	소통하는	성장하는	자부심이 생기는	연결되는

[예시3] K-인플루언서(강연 에이전시)

선한 영향력을 주는	교육적인	좋은 것을 주는	정보전달	연결되는

[예시4] 디자이너 최은빈(DE.BLUR 대표)

설레는	표현의 즐거움	완벽하지만 따뜻한	명확하고 선명한	효율적인

[정리해보기]

3단계: 비전

비전은 중장기적 관점, 즉 3~10년 뒤의 이상적인 모습이다. 좋은 비전은 간결하고 이해하기 쉬우며 열정과 동기를 이끌어낸다. 구체적인 비전을 만들기 위해서는 3가지 핵심 구성요소, 즉 '좀 더 장기적인 전망', '좀 더 도전적인 목표', '나 또는 조직의 역할에 대한 정의'가 포함되어야 한다.

[예시1] 복주환의 생각정리클래스

① **시간지평선, 장기간전망** time horizon

2025년까지

② **조금 더 늘린 도전적인 목표** stretch goal

글로벌 진출 및 온라인 교육 콘텐츠 기업

③ **나 또는 조직의 역할에 대한 정의** definition of niche

생각정리가 필요한 사람들에게 생각정리스킬 콘텐츠를 전한다.

↓

비전: 2025 글로벌 온라인 교육 콘텐츠 기업 〈생각정리클래스〉

[예시2] N잡러 놀이터(온라인 커뮤니티 플랫폼)

① **시간지평선, 장기간전망** time horizon

2023년까지

② **조금 더 늘린 도전적인 목표** stretch goal

N잡러라고 했을 때 가장 먼저 떠오르는 곳(포지셔닝 전략)

③ **나 또는 조직의 역할에 대한 정의** definition of niche

N잡러를 위한 온라인 커뮤니티 플랫폼(커뮤니티, 클래스, 재능마켓 등)

비전: 2023 N잡러의, N잡러에 의한, N잡러를 위한 온라인 커뮤니티 플랫폼

[예시3] K-인플루언서(강연 에이전시)

① 시간지평선, 장기간전망time horizon

2023년까지

② 조금 더 늘린 도전적인 목표stretch goal

강의, 강연 매칭을 1년에 100회 이상씩 한다.

③ 나 또는 조직의 역할에 대한 정의definition of niche

대한민국의 선한 영향력을 지닌 K-인플루언서들이 더 다양한 활동을 할 수 있도록 하는 것이다.

비전: 2023 대한민국 대표 강연 에이전시

[예시4] 디자이너 최은빈(DE.BLUR 대표)

① 시간지평선, 장기간전망time horizon

2025년

② 조금 더 늘린 도전적인 목표stretch goal

단발적인 로고 디자인이 아닌 큰 프로젝트들을 하는 토털 브랜딩 전문기업으로 자리잡을 것이다. 우리 회사의 디자인과 함께 성공을 이뤄낸 브랜드 20개 이상 만들기, 디자인 스튜디오이자 콘텐츠를 만들어내는 인플루언서 되기, 중국과 미국으로의 진출, 디블러 자체 브랜드 개발 및 오픈

③ 나 또는 조직의 역할에 대한 정의definition of niche

2020 _ 로고 디자인을 전문으로 하는 브랜드디자인 스튜디오

2022 _ 콘텐츠 크리에이티브를 기반으로 하며, 디자인으로 선한 영향력을 끼치는 브랜드디렉터

2025 _ 미국과 중국의 브랜딩을 한국 디자이너의 이름으로 디렉팅하며, 성공한 자체 브랜드를 보유한 토털 브랜딩 전문 기업

↓

2025 한국을 대표하는 글로벌 토털 브랜딩 전문 기업

[정리해보기]

① 시간지평선, 장기간전망 time horizon

② 조금 더 늘린 도전적인 목표 stretch goal

③ 나 또는 조직의 역할에 대한 정의 definition of niche

↓

4단계: 목표

사명, 가치, 비전을 정립했다면 이제 당신이 도전해야 할 3~5개의 핵심목표를 세워보자. (목표를 구체화하는 방법에 대해서는 219~220쪽의 SMART 목표설정 기법을 참고하라.)

[예시1] 복주환의 생각정리클래스

주제별 생각정리 콘텐츠 제작	실시간 Zoom 온라인 특강	생각정리 컨설팅 진행	토털 브랜딩 진행	생각정리 애플리케이션 개발

[예시2] N잡러 놀이터(온라인 커뮤니티 플랫폼)

N잡러 커뮤니티	N잡러 재능마켓	N잡러 클래스	N잡러 플리마켓	N잡러 스토어

[예시3] K-인플루언서(강연 에이전시)

명사 섭외	유튜브메가 크리에이터 섭외	강연/강의 기획	나라장터 입찰 도전	K-인플루언서 인터뷰유튜브 제작

[예시4] 디자이너 최은빈(DE.BLUR 대표)

토털 브랜딩과 마케팅공부	디자인 유튜버로 포지셔닝	영어와 중국어 비즈니스어학 마스터	자체개발 브랜드 오픈	디블러 토털 브랜딩 온라인 플랫폼

[정리해보기]

● 사명선언문 만들기

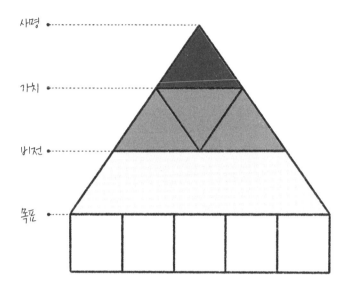

5단계: '사명선언문' 만들기

지금까지 작성한 내용 중 핵심을 간추려 '사명선언문'을 만들어보자.
맨 위에는 사명을 적고, 그 아래 핵심 가치들을 적고, 그 아래에 비전을
적는다. 그런 후에 그에 따른 목표들을 적으면 된다.

[컨설팅]
만다라트:
비즈니스 모델 만들고 발표하기

만다라트는 목표설정 기법으로 많이 알려져 있지만, 나는 비즈니스 모델을 만들 때도 만다라트를 활용한다. 비즈니스에서 꼭 필요한 8가지 항목(제품, 가격, 유통경로, 판매촉진, 타깃, 콘셉트, 구매 동기 유발 포인트, 전략적 목표)에 대한 초안을 잡을 수 있기 때문이다. 게다가 한 페이지로 비즈니스 모델의 전체상을 볼 수 있을 뿐만 아니라, 다른 사람들에게도 효과적으로 핵심을 전달할 수 있다.

〈생각정리클래스〉의 비즈니스 모델을 만다라트로 정리해보았다. 당신도 사업 아이디어가 있다면, 다음 페이지에 나오는 만다라트를 참고해 비즈니스 모델을 만들어보라.

제품 (Product)	가격 (Price)	유통경로 (Place)
전략적 목표 (Strategy)	제품 (서비스명)	판매촉진 (Promotion)
구매 동기 유발 포인트 (Point)	콘셉트 (Concept)	타깃 (Target)

'비즈니스 만다라트' 만들기

중심 토픽에는 제품(서비스명) 이름과 함께 스케치한 이미지를 넣는다. 주요 토픽에 4P(제품, 가격, 유통경로, 판매촉진)와 타깃, 콘셉트, 구매 동기 유발 포인트, 전략적 목표를 적는다. 하위 토픽에는 세부 내용을 기입한다.

'비즈니스 만다라트' 발표하기

당신이 만든 만다라트를 누군가에게 설명하거나 많은 사람들 앞에서

● 비즈니스 만다라트 전체

온라인 강의 (VOD)	오프라인 강의	전자책/종이책
실시간 Zoom 강의	제품 (Product)	교재/굿즈/키트
생각정리 구독 서비스	컨설팅	커머스

저가	중가	고가
적립금 할인	가격 (Price)	프리미엄
쿠폰할인	시즌할인	패키지

홈페이지	애플리케이션	기관
해외진출	유통경로 (Place)	기업
MOU	초중고	대학

인스타그램 광고	페이스북 광고	유튜브 광고
공식 홈페이지 개설 및 운영	전략적 홍보 (Strategy)	카카오톡 채널 운영
유튜브 채널 운영	차별화된 브랜딩	파워 링크

1. 제품 (Product)	8. 가격 (Price)	4. 유통경로 (Place)
6. 전략적 홍보 (Strategy)	생각정리 클래스	7. 판매촉진 (Promotion)
3. 구매 동기 유발 포인트 (Point)	5. 콘셉트 (Concept)	2. 타깃 (Target)

유튜브 운영	페이스북 운영	인스타그램 운영
전단지 (홍보물)	판매촉진 (Promotion)	블로그 운영
랜딩 페이지	문자 마케팅	이메일 마케팅

복주환 작가 직강	N잡러 조규림 특강	Zoom으로 만남
베스트셀러 콘텐츠	구매 동기 유발 포인트 (Point)	양질의 콘텐츠
합리적인 가격	워크시트 제공	구독 서비스

실용적인	재미있는	유익한
인생에 도움이 되는	콘셉트 (Concept)	업무에 도움이 되는
인생강의	생각정리로 특화된	트렌디한

인생을 바꾸고 싶은 사람	크리에이터로 도전하고 싶은 사람	작가가 되고 싶은 사람
N잡러가 되고 싶은 사람	타깃 (Target)	강사/강연가를 꿈꾸는 사람
생각을 정리하고 싶은 사람	말 잘하고 싶은 사람	일 잘하고 싶은 사람

발표해야 한다면, 나열된 순서대로 말하기보다는 어떤 흐름으로 전달하는 것이 더 효과적일지 미리 생각해보는 것이 좋다. 상대방이 어떤 것을 궁금해할지 우선순위를 매겨보자. 먼저 만다라트의 주요 토픽에

1, 2, 3··· 번호를 붙인다. 상황과 목적, 상대방에 맞춰서 자연스럽게 전달되는 흐름을 찾는 것이 핵심이다. (스피치를 위한 생각정리법을 구체적으로 알고 싶다면 나의 책《생각정리스피치》를 참고하라.)

비즈니스 만다라트에 대해 발표할 때, 다음과 같은 방식으로 이야기하면 된다.

"1. 저희 제품/서비스에는 어떠어떠한 것들이 있습니다. 2. 타깃은 이러이러한 사람들입니다. 3. 구매 동기 유발 포인트에는 이러이러한 것들이 있습니다. 4. 유통경로는 어떤 곳들이 있습니다. 5. 차별화된 콘셉트는 이런 점들이 있습니다. 6. 전략적 목표는 이러이러한 것들입니다. 7. 판매촉진을 위해서는 이러이러한 프로모션을 할 계획입니다. 8. 가격은 이러이러한 가격대로 형성되어 있고, 이러한 할인을 진행할 계획입니다. 뿐만 아니라 저희의 비전은 어떠어떠한 것들입니다."

〈비즈니스 만다라트〉 종이 한 장만 있으면 비즈니스 모델을 일목요연하게 정리할 수 있을 뿐만 아니라, 사람들에게 당신의 아이디어를 멋지게 전할 수 있다.

제3장

당신의 아이디어를
정리해드립니다

상위 1퍼센트는
마인드맵을 쓰고 있다

나는 일(공부)을 잘하고자 하는 사람이라면 누구나 마인드맵을 잘 사용할 수 있어야 한다고 생각한다. 회사에서 업무를 처리하는 대부분의 활동은 머리를 쓰는 일인데, 마인드맵은 우리의 머리를 가장 효과적으로 쓸 수 있는 툴이기 때문이다. 마인드맵을 활용하면 흩어져 있는 데이터, 정보, 지식 등을 논리정연하게 한 페이지로 정리할 수 있고, 아이디어들을 구체화해 획기적인 결과물을 만들어낼 수도 있다.

학교 다닐 때 선생님이나 친구들이 마인드맵으로 수업 내용을 정리하는 모습을 본 적이 있는가? 최근에는 수능 만점자들이 공부를 잘하는 비법으로 마인드맵을 꼽아서 다시 이슈가 되었고, 많은 학생들이 실제로 사용하고 있다.

그런데 비즈니스 현장에서는 마인드맵을 사용하는 사람이 드문 것 같다. 왜 그럴까? 마인드맵은 학습법으로 알려졌고, 실제로 공부할 때 도움이 된다는 사실이 뇌과학, 인지심리학, 교육학 등에서 이미 검증되었다. 하지만 안타깝게도 비즈니스 현장에서 어떻게 활용할 수 있는지에 대해서는 제대로 알려져 있지 않다.

똑똑한 사람들이 마인드맵을 쓰는 이유

기업의 임원, 기획자, 연구원, 검사, 교수 등 엘리트를 대상으로 교육을 진행하면, 그들이 수업 후 공통적으로 하는 말이 있다.

"생각정리스킬을 따로 배운 적은 없는데, 일이나 공부를 할 때 본능적으로 가지 치듯 생각을 정리해왔어요."

그 이유가 뭘까? 그들은 압도적으로 많은 지식과 정보를 빠른 시간 내에 외우거나 처리해야 하는 상황이 많았다. 그래서 일반적인 단순암기 방식으로는 한계를 느꼈기 때문에, 자연스럽게 가지를 쳐내면서 생각을 정리하게 된 것이다.

우리 뇌는 정보가 많아지면 혼란을 느낀다. 그래서 처리할 정보의 양이 방대하거나 일이 복잡해지면 덩어리로 묶거나 일정 기준으로 분류하거나 가지를 쳐내는 형태로 정리한다. 두뇌의 효율을 높이기 위해 본능적으로 그렇게 하는 것이다. 실제로 서울대학교, 도쿄대학교 등

명문대 합격생들의 노트를 살펴보면, 대부분 가지치기 형태로 정리한 것을 알 수 있다.

키워드들을 덩어리로 강하게 연결하면 기억력이 4배 이상 좋아진 다고 한다. 우리가 마인드맵을 활용해 생각을 가지치기 방식으로 정리 하면서 뇌를 더 효과적으로 사용할 수 있게 되는 것이다.

마인드맵 사용법

마인드맵은 간단한 준비물과 규칙만 알고 있으면 누구나 쉽게 그릴 수 있다. 손으로 마인드맵을 그릴 경우 3가지 준비물이 필요하다.

1. 당신의 아이디어

가장 중요한 준비물이다. 당신은 어떤 주제로 마인드맵을 정리하고 싶은가? 최근 번뜩이는 사업 아이디어가 떠오른 적이 있는가? 만일 아이디어가 없다면 아이디어를 찾기 위한 목적으로 마인드맵을 그려 보는 것도 좋은 방법이다.

2. 3색 볼펜

마인드맵을 한 가지 색으로만 적으면 쓸 때도 볼 때도 쉽게 지루해 진다. 3색 볼펜을 활용하면 재미도 있고, 색으로 내용을 분류할 수 있 기 때문에 기억도 훨씬 잘된다.

3. 깨끗한 종이

아무것도 없는 깨끗하고 커다란 종이를 준비한다. 종이에 선이나 낙서가 있으면 생각하는 데 방해를 받을 수 있다. 마인드맵을 그릴 때 종이 방향은 세로가 아닌 가로가 좋은데, 그 이유는 방사형 사고를 하기 위해서다. 중심에서 바깥으로 뻗어나가는 방사형 사고를 통해 좌뇌와 우뇌를 균형 있게 사용할 수 있다.

4. 가지치기로 생각 연결하기

우리 뇌는 약 1.5킬로그램에 불과하지만, 그 속에 약 1,000억 개의 신경세포가 있다. 이 신경세포들은 혼자 있으면 아무 일도 하지 못한다. 다른 뇌세포들과 연결될 때 신호를 주고받으면서 비로소 일을 할 수 있게 되는 것이다. 이런 연결을 담당하는 것을 '시냅스'라고 한다. 신경세포에는 촉수, 즉 가지들이 있다. 촉수들은 신경세포의 중심에서 나뭇가지처럼 사방으로 뻗어나간다. 똑똑한 뇌일수록 신경세포들끼리 서로서로 잘 연결되어 있는데, 가지인 촉수들이 신경세포들 사이를 촘촘히 연결하고 있기 때문이다.

마인드맵은 이런 뇌 구조와 신경세포, 촉수들을 본떠서 만들어졌다. 마인드맵의 형태를 보면 한가운데 '중심 토픽'이 있고, 그 밖으로 '주요 토픽'이 둘러싸고 있으며, 여기서 좀 더 밖으로 뻗어나가는 다양한 '하위 토픽'이 있다. 그리고 이 토픽들은 따로 떨어지지 않고 모두 '연결' 되어 있다. 이로 인해 하나의 아이디어가 다른 아이디어들과 함께 연결되고 융합된다. 그러면서 새로운 아이디어로 구체화되고 확장될 수

● 신경세포와 마인드맵

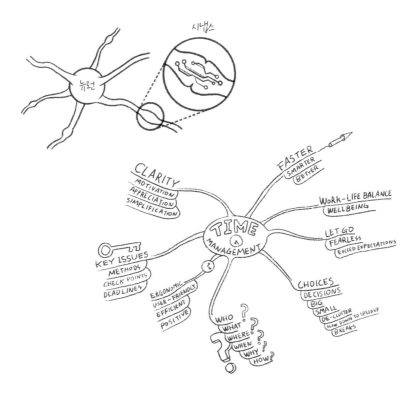

있는 것이다.

마인드맵의 핵심은 가지치기다. 중심 토픽부터 꼬리에 꼬리를 물고 가지를 쳐나간다. 나무를 생각해보자. 기둥과 가까울수록 가지가 굵고 멀수록 얇아진다. 마인드맵도 마찬가지다. 중심 토픽에 가까울수록 선을 굵게, 멀어질수록 얇게 그리면 된다. 간혹 선을 안 그리는 사람이 있는데 선은 연결을 의미한다. 키워드들을 선으로 잘 연결해야 우리 머릿속에서도 신경세포들이 연결되고 조합된다.

일 잘하는 사람들이
마인드맵을 쓰는 방법

"마인드맵을 활용한 생각정리스킬 교육을 듣고 업무와 제 삶에 적용해봤어요. 만약 제 머리에도 CPU가 있다면 버전 2.0이 된 느낌이랄까요? 업무 속도와 생산성이 4배 이상 늘었어요. 다른 사람들이 저의 일 처리 속도가 왜 이렇게 빨라졌느냐며, 그 속도를 못 따라올 정도라고 하더라고요."

삼성물산에 재직 중인 직장인 H는 교육을 받고 나서 이렇게 말했다. 나 역시 생각하는 속도가 굉장히 빠르다는 말을 많이 듣는다. 심지어 천재 같다는 이야기를 듣기도 하는데, 원래는 이런 소리를 많이 듣지 못했다. 이전에 마인드맵에 대해서 잘 몰랐을 때는 말을 하거나 글을 쓸 때 머릿속에 있는 내용이 정리가 되지 않은 채로 살아왔었다. 하지만 마인드맵을 한번 배우고 나면 달라진다. 말하거나 글을 쓸 때 또는 일을 할 때 머리 위 공중에 마인드맵이 둥둥 떠 있는 것 같다. 생각이 시각화되는 느낌이다. 심지어 다른 사람의 말을 듣거나 글을 볼 때도, 구조화된 것들이 보이기 시작했다. 그래서 스타강사들의 스피치를 분석하여 쓴 것이 나의 두 번째 책《생각정리스피치》다. 이제는 도저히 이 마인드맵 없이는 살아갈 수가 없다. 그래서 많은 사람이 이 효과를 꼭 누려 예전과 다른 삶을 누렸으면 좋겠다. 마인드맵만 잘 활용해도 일잘러(일 잘하는 사람)라는 말을 충분히 들을 수 있다.

업무 현장에서는 어떻게 마인드맵을 사용할 수 있을까? 실제로 활용하고 있는 예시를 살펴보자.

일일업무계획

업무에서 마인드맵을 즉시 활용해볼 수 있는 부분은 일일업무계획이다. 계획을 세울 때 중요한 건 일단 계획할 내용의 전체상을 그려볼 수 있어야 한다는 것이다. 그리고 계획한 내용을 구체화할 수 있어야 한다. 내용이 중복되지는 않았는지, 누락된 건 없는지 꼼꼼하게 확인해야 하는데, 그런 점에서 특히 업무계획을 짤 때 유용하다.

강연 에이전시 'K-인플루언서' 대표의 사례를 보자. 먼저 중심 토픽에 '일일업무계획'이라고 적고, 계획표 그림을 그렸다. 누가 봐도 계획에 관한 마인드맵이라는 걸 알 수 있다. 주요 토픽에는 '현재 하고 있는 일', '완료한 일', '이번주에 할 일', '오늘 할 일' 등을 시계방향으로 적었다. '현재 하고 있는 일'은 '온라인 강의 제작'과 '북리뷰 유튜브 찍기'로 나눴고, 세부 내용에 대한 핵심키워드를 적었다. 각각의 키워드 앞에 간단한 이미지를 그려서 내용을 읽지 않아도 직관적으로 이해할 수 있게 표현했다.

● 일일업무계획 마인드맵

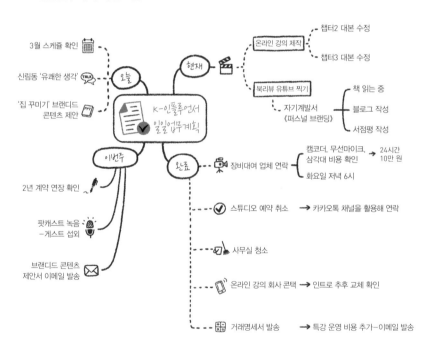

체크리스트

일을 잘하는 사람들은 대부분 일을 꼼꼼하게 처리한다. 일처리가 꼼꼼하다는 것은 그만큼 꼼꼼하게 생각을 정리한다는 것이다. 생각을 꼼꼼하게 정리해야 할 때, 체크리스트 마인드맵을 그려보면 좋다.

예를 들어보자. '신규 브랜드의 성공적인 정착'을 위한 체크리스트다. 위의 주제를 중심 토픽에 적고, 체크리스트라는 걸 한눈에 알아볼 수 있도록 체크 칸과 연필을 그려넣었다. 주요 토픽에는 체크할 핵심

● 체크리스트 마인드맵

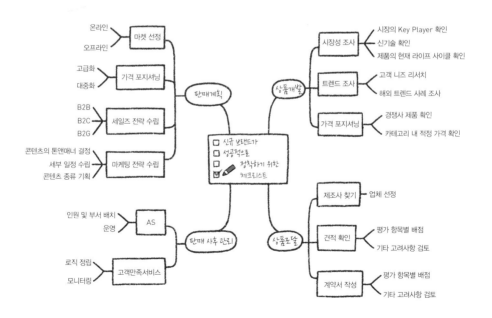

내용 4가지를 적었다. 상품개발, 상품조달, 판매계획, 판매 후 관리. 그리고 각각 구체적으로 체크해야 하는 것들을 적어나갔다.

쪼개면 쪼갤수록 보인다. 이렇게 가지를 쳐나가면서 마인드맵을 그려보면 해당 주제가 거시적으로도 보이고 미시적으로도 파악된다. 주요 토픽 중 '판매계획'의 가지로 '마켓 선정'이 있는데, 이를 '온라인'과 '오프라인'으로 미리 나눴다. 분류를 하는 것만으로도 중복과 누락을 방지할 수 있다. 마인드맵은 이런 가지치기와 분류를 통해 생각을 꼼꼼하게 정리하고, 나아가 일을 실수 없이 처리할 수 있도록 해준다.

통화내용 정리

이번에 살펴볼 통화내용 정리 마인드맵은 실제로 내가 전화를 받으면서 손으로 정리했던 내용이다. 중심 토픽에 '통화내용 정리'라고 적고, '사무실 이사'라는 핵심주제를 기입했다. 그리고 업체와 통화를 하기 전에 통화 일시, 업체명, 확인사항, 견적비용 등 주요 토픽을 미리 적어두었다. 이후 통화를 하면서 답변 내용을 정리했다.

행사준비 마인드맵

행사를 준비할 때도 마인드맵을 활용하면 효과적이다. 중심 토픽에는

● 통화내용 마인드맵

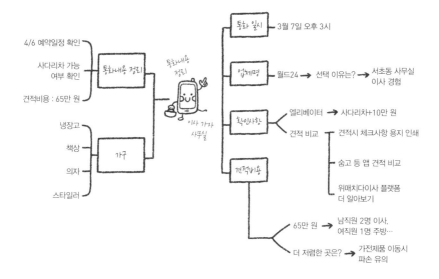

행사명인 '한가족 페스티벌'을 적고, 시상식 하면 떠오르는 트로피를 그려 넣었다. 손으로 마인드맵을 그릴 때는 간단하게 이미지를 그려 넣는 게 좋다. 텍스트만 있으면 지루하지만 그림이 있으면 재미가 있다. 또 그림을 그리면서 상상력이 발휘돼 새로운 아이디어가 떠오르기도 한다.

주요 토픽에는 행사준비 기획서에 들어가야 할 필수 항목 5가지를 적었다. 추진목적, 추진개요, 소요 비용, 협조요청사항, 세부 계획, 그리고 각각의 상세 내용을 하위 토픽에 적었다. 이렇게 마인드맵을 미리 그려두면 내 머릿속에도 관련 내용이 정리되지만, 누군가에게 설명

● 행사준비 마인드맵

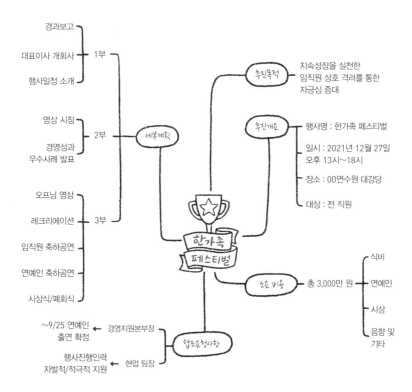

할 때도 효과적이다. 행사를 준비하다 보면 중간중간 상사 또는 업체에게 설명할 일이 많으니 잘 활용하도록 하자.

당신을 위한 생각비서: 디지털 마인드맵

마인드맵은 손으로 생각을 정리하는 '손 마인드맵'과 컴퓨터나 스마트폰으로 정리하는 '디지털 마인드맵'이 있다. 마인드맵을 잘 그리려면 손 마인드맵과 디지털 마인드맵의 장단점을 이해하고 상호보완해서 사용하는 게 좋다.

손 마인드맵은 언제 어디서든 생각을 자유롭게 정리할 수 있다는 장점이 있다. 그리고 손을 쓰면 뇌를 자극해 더 창의적인 생각을 해낼 수 있다. 기억에도 더 오래 남는다. 그러나 손 마인드맵에는 몇 가지 한계가 있다. 우선 수정, 이동, 삭제 등 편집을 하기가 어렵다. 우리의 생각은 끊임없이 변화하는데 한번 작성하면 고치기가 쉽지 않다. 게다가 생각은 무한히 확장되는데 지면은 한정되어 있다. 이런 문제들을 극복할 수 있는 대안으로 디지털 마인드맵이 개발됐다.

디지털 마인드맵 무료로 사용하는 방법

디지털 마인드맵을 사용할 경우 제품을 다운로드해서 사용하면 된다. 20여 가지의 디지털 마인드맵 중에서 가장 많이 사용되는 제품은 알마인드ALMind, 엑스마인드XMind, 씽크와이즈ThinkWise다. 각각 어떤 특징이 있고, 무료로 사용하는 방법에는 어떤 것이 있는지 알아보자.

먼저 알마인드는 그림판만큼 쉽고 편하다는 장점이 있다. 개인이 사용할 경우에는 무료로 쓸 수 있지만, 아쉽게도 윈도우 버전의 PC에서만 사용이 가능하다. 그럼 맥을 사용하는 사람은 어떤 프로그램을 쓰면 좋을까? 알마인드의 맥 버전인 마인드메이플Mindmaple이나 엑스마인드를 사용하면 일부 기능이 제한된 체험판 버전을 무료로 쓸 수 있다.

스마트폰에서 디지털 마인드맵을 사용하고 싶다면 씽크와이즈를 쓰면 된다. 국내에서 만든 프로그램인데, 스마트폰 버전의 경우 무료로 쓸 수 있다는 장점이 있다. 컴퓨터는 무료와 유료 버전이 있다. 유료 버전은 그만큼 다양한 종류의 다이어그램, 표 기능, 스케줄관리, 브레인스토밍 모드, 프레젠테이션 모드, 협업 모드 등을 활용할 수 있다.

나의 경우, 윈도우 기반의 알마인드 무료 버전을 사용하고 있다. 컴퓨터를 쓸 수 없을 때는 씽크와이즈의 스마트폰 버전을 쓴다. 둘 다 무

● 무료 디지털 마인드맵(알마인드, 엑스마인드, 씽크와이즈 순)

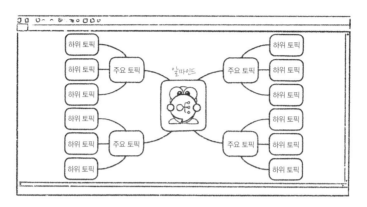

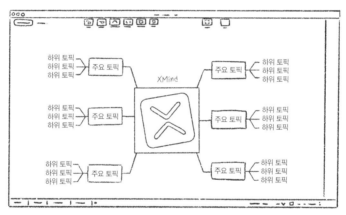

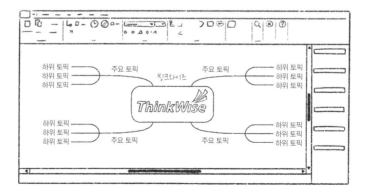

료지만 기본 기능이 잘 갖춰져 있기 때문에 생각을 정리하는 데 전혀 불편함이 없다. 생각을 정리하는 방법과 원리만 제대로 알고 있으면 유료 버전을 사용한 것 같은 퍼포먼스 효과를 낼 수 있다.

디지털 마인드맵 필수 단축키 모음

디지털 마인드맵을 사용할 때 대부분의 사람들이 마우스가 당장 편해 보이니까 마우스를 많이 사용한다. 디지털 마인드맵을 쓰는 이유는 많은 아이디어를 빠르게 정리하기 위해서인데, 그렇게 하려면 키보드를 잘 쓸 수 있어야 한다. 그중에서도 기본 단축키는 꼭 알아두는 게 좋다. 당신의 생각 시간을 단축해줄 알마인드 필수 단축키를 지금 공개하겠다. 내가 직접 정리한 디지털 마인드맵 필수 단축키를 사용하게 되면 시간은 단축되고 생각정리 속도는 빨라질 것이다.

디지털 마인드맵 사용법 및 생각정리 잘하는 방법을 더 구체적으로 알고 싶다면 내 강의를 직접 들어보길 바란다. 지금도 오프라인과 온라인 강의가 꾸준히 진행되고 있다. 강의를 들으면 내가 글로 다 표현하지 못한 메시지를 생생한 표정과 목소리를 통해 몇 배 더 깊이 이해할 수 있을 것이다. 뿐만 아니라 직접 실습하고 코칭을 받으면서 생각정리 잘하는 방법을 완전히 당신의 것으로 만들 수 있다.

● 디지털 마인드맵 필수 단축키

핵심 단축키		윈도우 단축키			맥북 단축키
		알마인드	씽크와이즈	XMind	XMind
1	같은 레벨 토픽 (또는 형제 토픽) 추가하기	Enter	Shift+ Spacebar	Enter	Enter
2	하위 토픽(또는 자식 토픽) 추가하기	Insert 또는 Spacebar	Spacebar	Tap/Insert	Tap
3	토픽 삭제	Delete	Delete	Delete	Delete
4	선택한 토픽만 삭제하기	Ctrl+Shift +Delete	Ctrl+Shift +Delete	.	.
5	상위 레벨 토픽 (또는 부모 토픽) 추가하기	Ctrl+Shift +Insert	Ctrl+Shift +Alt +Space	Ctrl+Enter	.
6	토픽 복사	Ctrl+C	.	Ctrl+C	.
7	토픽 잘라내기	Ctrl+X	.	Ctrl+X	.
8	토픽 붙여넣기	Ctrl+V	.	Ctrl+V	.
9	토픽 순서 변경하기	Alt+Shift +↑↓	Ctrl+↑↓	Alt+↑↓	.
10	토픽 텍스트 선택하기	F2	F2	Spacebar	Spacebar
11	토픽 텍스트 임의로 줄바꿈하기	Shift+ Enter	.	Shift / Ctrl +Enter	.
12	토픽 접고 펴기 토픽 전체 접고 펴기	Ctrl+'−', Ctrl+ '+' Alt+ Shift+↑↓	Alt+↑↓	Esc	
13	맵에 모든 토픽이 보이도록 배율 조정하기	Ctrl+F5	.	.	
14	실행취소	Ctrl+Z	Ctrl+Z	Ctrl+Z	
15	저장	Ctrl+S	.	Ctrl+S	

○ 04

마인드맵을 써도
정리가 안 됐던 이유

내 강의를 들으러 온 사람들에게 가장 많이 들은 말 중 하나가 "마인드맵을 사용해도 생각정리가 안 된다"는 것이었다. 마인드맵을 그리고 오히려 머릿속이 더 복잡해졌다는 사람도 있었다. 왜 그럴까? 마인드맵은 분명 생각을 정리하는 툴인데 왜 생각정리가 안 된다고 하는 걸까? 또 어떤 사람들은 마인드맵을 그리다가 어느 순간 생각이 턱 막힌다고 하소연했다. 왜 생각이 더 이상 확장되지 않는 걸까?

나는 그들에게 마인드맵을 한번 그려보라고 말했다. 가운데 원을 그리고, 선을 그리고, 핵심키워드를 적거나 이미지를 그린다. 그림을 아주 잘 그리는 사람들도 있다. 겉으로 보기엔 큰 문제가 없는 것 같다.

심지어 정리를 잘하고 있는 것 같아 보인다.

하지만 내용을 자세히 들여다보면 '가지치기' 방식에 문제가 있다는 걸 알 수 있다. 생각을 그저 꼬리에 꼬리를 무는 방식으로 나열만 하는 것이다. 마인드맵을 활용해 머릿속 생각을 잘 정리하려면 가지치기하는 방법을 정확히 알아야 한다. 가지는 크게 세 종류로 나뉘는데 연상가지, 분류가지, 질문가지가 있다.

연상가지

연상가지는 말 그대로 떠오르는 대로, 연상되는 대로 적는 기법이다. 사람들에게 마인드맵을 그리라고 하면 대부분이 연상가지를 그린다. 의식의 흐름대로 가지를 쳐나가기 쉽기 때문이다.

연상가지의 장점은 생각지도 못했던 좋은 아이디어들이 나온다는 것이다. 그런데 치명적인 단점이 있다. 처음 적을 때는 자유롭고 재미있지만, 나중에 마인드맵을 다시 보면 이걸 왜 적었는지 도통 이해가 안 되는 경우가 생긴다. 또 마인드맵을 그릴 때 연상가지만 활용하게 되면 정리가 잘 되지 않는다. 대부분 그냥 떠오르는 대로 의미 없는 연상을 하기 때문이다.

연상가지는 크게 느슨한 연상, 강한 연상, 유사 연상, 반대 연상 이렇게 4가지로 세분화된다.

1. 느슨한 연상

'평양' 하면 '냉면'이 떠오르듯 바로 연상되지 않고 약간 거리가 먼, 말 그대로 느슨한 연상이다. "원숭이 엉덩이는 빨개, 빨가면 사과, 사과는 맛있어, 맛있으면 바나나, 바나나는 길어, 길면 기차…." 원숭이 엉덩이부터 기차까지 가버렸다. 원숭이와 기차는 전혀 연관성이 없다. 하지만 어쨌든 연결이 되었고, 원숭이부터 시작해서 사과, 바나나, 기차까지 생각지도 못했던 아이디어를 얻을 수 있다.

이렇게 다소 엉뚱하고 느슨한 연상에서 창의적이고 재미있는 생각들이 나온다. 그냥 나열만 하면 엉뚱한 생각에서 그칠 수도 있지만, 서로 잘 조합하고 연결하면 좋은 아이템이나 기획이 될 수 있다. 그래서 느슨한 연상을 '창의적 연상'이라고도 부른다.

2. 강한 연상

'여름' 하면 '휴가', '휴가' 하면 '바다', '바다' 하면 '수영', '수영' 하면 '수영복' 이런 식으로 고정관념처럼 딱 떠오르는 것이 바로 강한 연상이다. 논리적으로 강하게 연상된다고 해서 '논리적 연상'이라고도 한다. 이 연상을 잘할 수 있는 방법이 있다. 하위 개념이 아닌 상위 개념을 먼저 떠올리는 것이다. 예를 들어 '음식'이라고 하면 양식(스테이크, 피자, 스파게티…), 일식(초밥, 라멘, 우동…), 중식(짜장면, 짬뽕, 탕수육, 훠궈…), 한식(김치찌개, 된장찌개, 미역국…), 분식(떡볶이, 김밥, 순대…) 등 상위 개념을 먼저 생각하면 하위 내용이 동시에 연상된다.

3. 유사 연상

어떤 사물이나 개념에 대해 서로 비슷한 것을 떠올리는 연상법이다. 둥근 공을 보면 지구가 떠오른다. 소를 보면 말이 생각난다. 직유법이나 은유법도 여기에 포함된다. 직유법은 '~처럼', '~같이', '~듯이', '~인 양' 등의 말을 붙여서 글을 꾸미는 방법이다. '성난 사자같이 화가 난 사람', '유리구슬처럼 투명한 물방울' 같은 식이다. 은유법은 'A는 B이다' 또는 'A는 B의 C이다'라고 단언하듯 표현하는 방법이다. '내 마음은 갈대', '책은 마음의 양식', '스마트폰은 현대인의 동반자' 같은

● 연상가지 예시

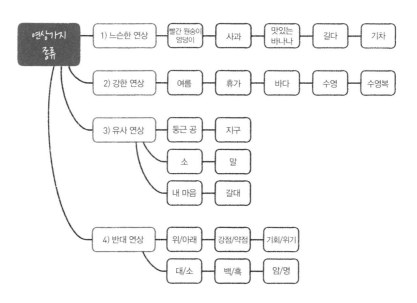

식으로, 표면적 유사성이 아닌 내면적 동일성이 중요하다.

4. 반대 연상

반대되는 개념을 떠올리는 방식이다. 위가 있으면 아래가 있고, 강점이 있으면 약점이 있으며, 기회가 있으면 위기가 있다. 대(大)와 소(小), 백(白)과 흑(黑), 암(暗)과 명(明)… 이처럼 하나의 개념에서 반대되는 개념을 연상하면서 생각을 확장하는 기법이다.

분류가지

마인드맵이 단순히 아이디어 발상 툴이 아니라 생각정리 툴인 이유는 분류가지를 통해 생각을 묶어줄 수 있기 때문이다. 청크chunk, 즉 생각의 덩어리를 만드는 것이다.

그렇다면 분류는 어떻게 하는 것일까? 가장 기본적인 것은 하위 개념들을 상위 개념으로 묶는 방식이다. 쉽게 예를 들어 사과, 배, 감, 귤과 과일이 있다. 여기서 상위 개념은 과일이고 하위 개념은 사과, 배, 감, 귤이다.

분류를 할 때는 '기준'을 정하고 나누면 된다. '여행지'라면 국내와 해외로 나눠서 분류할 수 있다. 또 산, 바다, 섬, 강 등으로 나눠서 볼 수도 있다. 그 외에 또 어떤 기준이 있을까? 관광, 휴식, 쇼핑 등 여행목적을 기준으로 하거나, 여행 예산을 기준으로 비싼 곳과 저렴한 곳으로

● 분류가지 예시

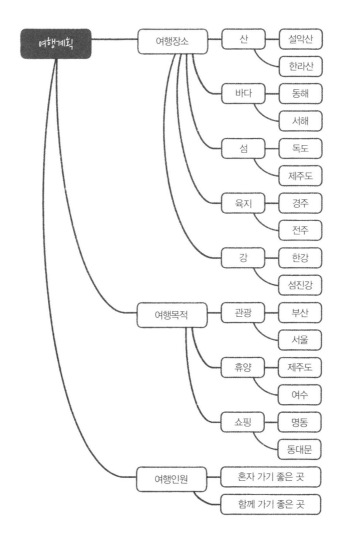

나누거나, 혼자 가기 좋은 곳과 함께 가기 좋은 곳으로 분류할 수도 있다. 기준을 세울 때는 한 가지 정답만 있는 게 아니다. 분류의 목적에 따라 명확하게만 세우면 된다.

아리스토텔레스는 이런 말을 했다. "세상에 언어가 생긴 이유는 언어로 만물을 분류하고 정리하기 위해서다." 생각정리 능력은 곧 분류하는 능력이라고 해도 과언이 아니다.

질문가지

의도적으로 질문을 만들어내면서 생각을 구체화하는 기법이다. 내가 그동안 생각정리를 연구하면서 가장 크게 깨달은 것은, 생각을 정리하는 과정은 결국 자문자답하는 과정이라는 사실이었다. 잘 생각해보자. 세상의 모든 언어는 크게 2가지로 구분된다. 답 아니면 질문이다.

그런데 질문하는 방법을 모른다면 어떻게 될까? 질문을 잘 못하면 당연히 제대로 된 답이 나오기 어렵다. 또한 질문으로 생각을 구체화시킬 수 있는데, 질문을 잘 못하면 생각이 구체화되지 못한다.

그렇다면 질문은 그냥 감으로만 하는 것일까? 아니면 질문을 하는데도 기술이 있을까? 물론 감으로 질문을 만들 수도 있지만, 지식이나 호기심의 한계에 부딪혀 곧 생각이 막히게 된다. 나의 첫 번째 책《생각정리스킬》에 공개했듯, 질문에는 일정한 패턴이 있다. 즉, 질문에도 기술이 필요하다. 질문은 사실 패턴의 반복이다.

● 질문가지 예시

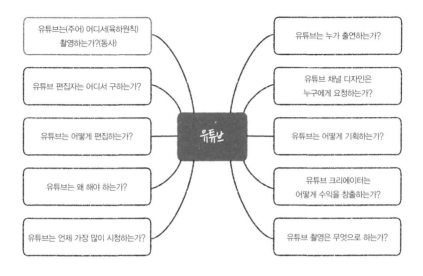

질문은 ○+○+○ 조합으로 만들어진다. 이 공식으로 우리는 다양한 질문을 만들어낼 수 있다. 그렇다면 ○에 들어갈 단어는 과연 무엇일까?

첫 번째 ○는 주어다. 질문을 던질 때는 주어를 놓치지 않아야 한다. 예를 들어 주어가 '유튜브'라면, 유튜브에 대해 계속 질문을 던질 수 있어야 한다. 주어를 적어놓아야 집중해서 다양한 질문을 던질 수 있다. 유튜브라는 하나의 주어로 시작해, 유튜브와 관련된 다른 주어, 즉 크리에이터, 편집자, 채널 디자이너 등과 합쳐서 2개의 주어로도 만들 수 있다. 그러면 좀 더 다양한 관점에서 질문을 던질 수 있다.

두 번째 ○는 동사다. 엄밀히 말하면 '할까?' '살까?' '먹을까?' 등의 의문형 동사라고 할 수 있다. 동사를 만들기가 어렵다면 주어를 생각하면 된다. 동사는 주어를 따라가기 때문에 주어에 관련된 단어만 생각해도 다양한 동사를 떠올릴 수 있다. 유튜브라는 주어에는 '구독할까?', '촬영할까?', '편집할까?' 같은 동사가 연상된다. '주식'이라는 주어는 '살까?', '팔까?', '오를까?', '내릴까?' 등의 동사를 떠올리게 한다.

세 번째 ○는 과연 무엇일까? 가장 중요한 구성요소, 바로 육하원칙이다. 사람들이 제일 궁금해하는 핵심요소 6가지다. '누가, 언제, 어디서, 무엇을, 어떻게, 왜.' 주어와 동사 사이에 이 육하원칙을 붙이기만 해도 질문이 나온다. 어렵지 않다. 주어, 육하원칙, 동사 3가지 요소를 조합하면 막힘없이 질문을 만들어낼 수 있다.

마인드맵으로
사업 아이디어 기획하기

당신은 구체화하고 싶은 아이디어가 있는가? 또는 구상 중인 신사업 아이디어가 있는가? 그렇다면 마인드맵에 중심 토픽, 주요 토픽, 하위 토픽을 적어가면서 아이디어를 기획해보자.

중심 토픽: 사업 아이디어를 키워드와 이미지로 표현하기

중심 토픽에 당신의 비즈니스 아이디어가 무엇인지 텍스트와 이미지로 표현해보자. 예를 들어 카메라를 빌려주는 사업일 경우, 중심 토픽에 '카메라 대여사업'이라고 적고 카메라 이미지를 그린다. 그림을 그리면 상상력을 자극해 더 많은 아이디어를 발상할 수 있다.

주요 토픽: 프레임워크 '4P' 적기

비즈니스 아이디어를 구체화하기 위한 카테고리를 어떻게 잡으면 좋을까? 경영학 프레임워크 중 4P를 사용해보자. 4P는 제품Product, 가격Price, 유통경로Place, 판매촉진Promotion을 의미한다. 사업을 구상할 때

● 주요 토픽

● 사업아이디어 마인드맵

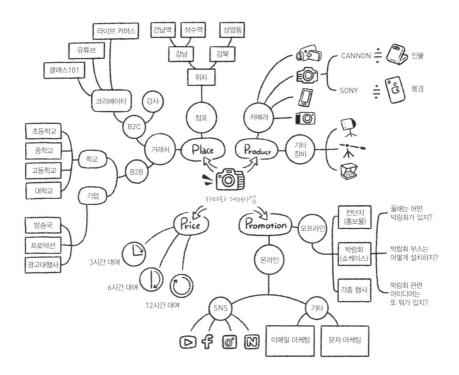

이 4P를 활용하면 아이디어를 훨씬 정교하고 구체적으로 정리할 수
있다.

하위 토픽: 연상, 분류, 질문가지로 생각정리하기

이어서 세부 내용을 구체화해보자. 하위 토픽에서는 우리가 앞서 배운

세 종류의 가지를 활용하는 게 포인트다. 연상가지, 분류가지, 질문가지가 아이디어 기획에 어떻게 활용되었는지 보라.

1. 제품

나는 카메라 대여사업 아이디어에서 대여 제품을 '카메라'와 '기타 장비'로 분류가지를 활용해 정리했다. '카메라' 가지에는 캠코더, DSLR, 미러리스, 액션캠 등을 적었다. '기타 장비'로는 카메라와 함께 대여할 만한 마이크, 조명, 삼각대, 프롬프터 등을 떠올렸다. 이 내용들을 정리하면서, 실제로 카메라 대여사업을 할 때 카메라만 빌려주는 것이 아니라 연관 제품들도 함께 대여해야겠다는 생각을 하게 되었다.

'카메라' 가지의 'DSLR' 같은 경우, 캐논과 소니 제품의 특징을 연상가지를 쳐나가며 비교해봤다. 캐논은 아이폰과 비슷한 색감으로, 노란빛이 나기 때문에 인물을 찍을 때 좋다. 소니는 삼성 갤럭시와 비슷한

● 제품

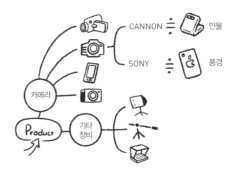

색감으로 파란빛이 나고 풍경을 찍을 때 좋다. 만약 실제 고객이 방문해서 제품을 추천해 달라고 하면, 미리 분류해둔 브랜드별 특징을 바탕으로 잘 설명할 수 있을 것이다.

2. 가격

가격을 책정할 때는 질문가지를 활용했다. 가격은 얼마로 정하는 게 좋을까? 제품별로 받아야 할까, 시간별로 받아야 할까? 제품+시간별로 책정하기로 했다. 1시간 단위로 과금하는 것이 좋을까? 만약 그렇게 하면 소비자들이 시간을 의식하며 압박을 느낄 것 같았다. 다른 카메라대여점은 어떻게 하지? 타사 사이트를 확인해보니 대여시간을 3시간, 6시간, 12시간 단위로 운영하고 있었다. 그래서 우리도 경쟁사와 동일하게 3시간, 6시간, 12시간 단위로 운영하되 가격을 조금은 낮추는 방향으로 책정하는 것이 좋겠다고 판단했다. 그리고 더 오래 대여하면 좀 더 할인을 해주는 방식으로 결정했다.

● 가격

3. 유통경로

점포의 위치를 어디로 선정할지, 그리고 고객은 누구일지에 대해 가지를 쳐보았다. 점포는 강남이라면 강남역이나 성수역을 생각했고, 강북이면 상암동을 생각했다. 이 세 곳을 돌아보고 유동인구 및 타깃, 월세 등을 고려해 점포의 위치를 정할 예정이다.

고객은 누구일까? 첫 번째, B2B로 기업과 학교가 있을 것이다. 기업에는 방송국, 프로덕션, 광고대행사가 있다. 학교는 초·중·고와 대학교가 있다. B2C는 강사와 크리에이터로 나눠보았다. 크리에이터의 경우 클래스101, 유튜브, 라이브커머스 등에서 활동하는 이들을 연상해

● 유통경로

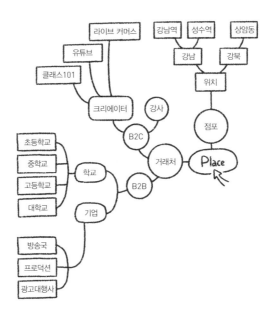

보았다.

4. 판매촉진

우선 온라인과 오프라인으로 분류하고, 온라인은 SNS와 기타로 나눴다. SNS에는 유튜브, 페이스북, 인스타그램, 네이버 블로그가 있다. 각 플랫폼마다 우리 회사의 SNS 채널을 운영하고 광고 및 마케팅 활동을 할 것이다. 기타로는 이메일과 문자 마케팅을 할 것이다.

판매촉진은 전략이 필요하다. 그래서 다양한 질문을 던지며 생각을 정리했다. 오프라인에는 전단지(홍보물), 박람회(쇼케이스), 각종행사 등이 있다. 그중에서도 박람회와 관련해 여러 가지 질문을 던져보았다. '올해는 카메라와 관련해 어떤 박람회가 있지?', '박람회 부스는 어떻게 설치하지?' 등 질문을 던지면서 내용을 구체화했다.

● 판매촉진

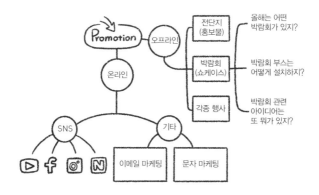

당신이 하고자 하는 일, 이루고 싶은 꿈이 있는가? 그렇다면 연상가지, 분류가지, 질문가지를 활용해 마인드맵을 그려보라. 그런 다음 하나씩 정리된 생각을 행동으로 옮겨보자.

무언가를 해낸다는 건 어렵고 복잡한 일이 아니다. 이렇게 아이디어를 연상하고 분류하고 작은 질문들을 던지면서 답을 찾는 일, 정리된 생각을 행동으로 옮기고 결과물을 만드는 것이다. '생각→정리→실행' 사이클을 계속해서 반복한다면 당신은 원하는 인생을 만들어가면서 더 행복하게 살아갈 수 있다.

제4장

당신의 시간을
정리해드립니다

당신에게 남은
시간을 알려드립니다

"코로나19로 인해 인류 사회는 완전히 달라질 것이다."

미래학의 대부 짐 데이토Jim Dator와 역사학자 유발 노아 하라리Yuval Noah Harari 등 세계적인 석학들이 입을 모아 하는 말이다.

세상의 모습이 이전과는 사뭇 달라졌다. 외출할 때 꼭 마스크를 쓰고, 재택근무를 하고, 온라인으로 회의를 한다. 생소하기만 했던 '사회적 거리두기'란 말도 이제 익숙해졌다. 이렇게 과거와 달라진 세상을 '뉴노멀'new normal(새로운 기준)이라고 부른다.

이 새로운 시대, 변화된 기준에 적응해야 한다는 걸 알고 있지만, 많은 사람들이 코로나19 이전의 삶을 그리워하고 있다. 나 역시 마찬가지다. 보고 싶은 사람들을 마음껏 만나 마스크 없이 대화를 나누고, 좋아하는 가수의 콘서트장에 가서 마음껏 소리 지르고, 강의실에서 수많은 학습자와 소통하며 강의할 수 있었던 그 시간들이 정말 그립다. 하루라도 빨리 코로나 이전의 세상으로 돌아가길 간절히 바라고 있다.

하지만 이제 우리는 바뀐 생존 공식 속에서 어떻게 살아남을 것인지를 고민하고 준비해야 한다. 우리는 분명 과거와는 전혀 다른 세상을 살아가게 될 것이다. 남은 시간 동안 도대체 어떻게 살아가야 할 것인가? 이번 장에서는 코로나 시대에 시간을 효과적으로 관리할 수 있는 방법을 소개하고자 한다.

인생의 자

일본의 생각정리 전문가 나가타 도요시는 《시간단축 기술》에서 시간을 '인생의 자'로 비유했다.

당신 앞에 길이가 79밀리미터인 자가 있다. 눈금 하나당 1밀리미터다. 여기에 자신의 나이를 밀리미터로 환산해보자. 예를 들어, 당신의 나이가 35세라면 35밀리미터에 선을 그으면 된다. 그리고 둘로 나뉜 부분의 위쪽에 사선을 그려보자.

눈치 빠른 사람은 금세 알았을 테지만 사선을 그은 부분이 자신에게 남은 시간이다. 79밀리미터, 즉 79세는 한국인 남자 평균 기대

수명이다. 〈OECD 보건통계〉에 실린 2018년 자료를 보면 한국인 평균 기대수명은 82.7년으로, 남자는 79.7년이고 여자는 85.7년 이다. 남은 시간을 좀 더 정확하게 계산해보자면 이와 같다. 만약 35세 남성이라면 $(79-35) \times 365(일) \times 24(시간) = 385,440$시간이 된다. 이만큼이 자기 삶의 남은 시간이다.

이 시간이 길게 느껴지는가, 아니면 짧게 느껴지는가? 사는 동안 이룩하려는 목표를 이 시간 내에 달성할 수 있을까? 반드시 평균 수명만큼 살리란 보장도 없다. 수명은 개인차가 있고, 사고나 질병 으로 더 빨리 죽을 수도 있기 때문이다. 또 다른 나라를 예로 들면, 남아프리카공화국은 남성의 평균 수명이 약 50세, 시에라리온의 평균 수명은 37세다. 다른 나라에서 태어났다면 이미 이 세상에 없을 수도 있는 것이다. 만약 그렇게 이른 나이에 세상을 떠났다면 과연 후회 없는 삶을 살았다고 자신 있게 말할 수 있을까?

인생의 자에 자기 삶의 남은 시간을 그려보는 이 일이 의미 있는 이 유는 살아갈 시간이 점점 줄어들고 있다는 사실을 시각화해 내 눈으로 직접 보면서 자각할 수 있기 때문이다. 누구나 인생의 카운트다운을 의식하면 새삼 시간의 소중함을 느끼게 된다. 영원할 것만 같았던 시 간이 유한하다는 사실을 깨달으면, 이제 이 시간을 어디에 어떻게 쓸 것인지 진지하게 생각하게 되는 것이다. 한마디로 시간을 대하는 태도 가 바뀐다.

나는 이 글을 읽고 내 나이를 대입해본 뒤 어머니의 나이를 그려봤

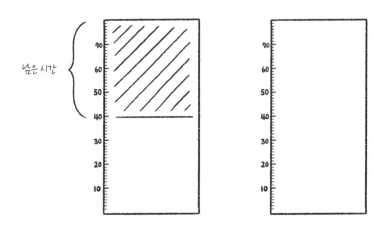

● 인생의 자 예시　　　　　　　　　　● 인생의 자 그려보기

남은 시간

다. 어머니는 현재 62세이니, (85−62)×365×24≒201,480시간밖에 남지 않았다. 당신도 인생의 자에 남은 시간을 그려보라. 시간이 얼마나 남았나? 당신 가족의 시간은 어떤가? 그 시간이 짧다고 느껴지는가, 아니면 길다고 느껴지는가?

　지금 이 순간에도 시간은 흘러가고 있다. 모두에게 똑같이 주어진 시간, 모두에게 똑같이 닥친 위기다. 누군가는 이 시간을 과거와 같이 살아갈 것이고, 누군가는 코로나 이후의 세상을 준비하며 보낼 것이다. 남은 시간이 점점 줄어든다는 사실을 자각했다면, 앞으로의 세상은 코로나 이전과는 전혀 다른 세상임을 인지했다면, 그 시간을 어떻게 쓰면 좋을지 함께 전략을 세워야 한다.

흘려보내는 시간 vs.
알차게 보내는 시간

시간관리 방법을 배우기 전에 먼저 알아야 할 게 있다. 바로 '시간의 개념'이 하나만 있는 게 아니라는 점이다. 그리스어로 '시간'을 뜻하는 단어는 2가지다. 하나는 크로노스chronos이고 다른 하나는 카이로스kairos다. 이 2가지를 구분할 수 있어야 우리에게 주어진 시간을 지혜롭게 사용할 수 있다. 대부분의 사람들은 크로노스의 시간에서만 살아간다. 그러나 시간관리를 잘하는 사람은 크로노스의 시간 속에서 카이로스의 시간을 살아간다.

양적인 시간, 크로노스

크로노스는 오늘날 '연대기'를 뜻하는 크로니클chronicle에서 왔다. 그래서 '시침의 움직임과 함께 역사가 쌓이는 연대기적 시간'이라고 말하기도 한다. 절대적인 시간, 변함없이 흘러가는 시간이라고 보면 된다. 예를 들어, 우리는 7시에 일어나서 밥을 먹고 8시에 출근을 한다. 9시면 회사에 도착해서 일하고 12시에 점심을 먹고 6시에 퇴근한다. 저녁에 가족들과 함께 식사를 하고, 밤 11시나 12시가 되면 다음 날 출근을 하기 위해 잠자리에 든다. 이렇게 눈 뜨는 시간부터 밥 먹고 출근하고 퇴근하고 취침하는 시간까지, 변함없이 흘러가는 시간이 크로노스의 시간이다.

이 크로노스의 시간은 언제부터 본격적으로 사용되었을까? 18세기 후반 유럽에서 산업혁명이 일어나면서 무수히 많은 기계가 발명되었고, 농업 중심의 사회에서 공업 중심 사회로 바뀌게 되었다. 산업혁명 전의 인간은 해가 뜨고 지는 것에 맞춰서 여유롭게 살았다. 아침이면 해가 뜨는 걸 보면서 동네 사람들과 인사를 나누고 일터로 나갔다. 노을이 지면 교회 종탑에서 하루의 마감을 알리는 종을 쳤다. 그 소리에 사람들은 두 손을 모으고 하느님께 감사기도를 올렸다. 그 후 저녁시간은 가족들과 함께 평화롭게 보냈다. 대체로 이런 식이었다.

하지만 산업혁명 이후 모든 게 달라졌다. 공장에서 대량생산이 가능해졌고, 그로 인해 자본가들은 부자가 되었다. 급속하게 물질적인 발전이 이루어지면서 자본가와 그 밑에서 법의 보호 없이 착취당하는 노동자라는 두 계층이 새롭게 생겨났다.

자본가들은 돈을 더 많이 벌기 위해 분 단위로 빠르게 물건을 만들어내길 원했다. 노동자들을 효과적으로 관리함으로써 생산성을 높이기 위해 객관적인 시간 개념이 필요했다. 크로노스의 시간이 중요해진 것이다. 이후 사람들은 자연, 즉 태양 대신 기계시계에 맞춰 하루를 시작하고 마감해야 했다. 지금도 마찬가지다. 우리는 사회에서 만들어놓은 질서에 맞추기 위해, 원하든 원치 않든 크로노스의 시간을 살아가고 있다.

질적인 시간, 카이로스

그렇다면 카이로스는 어떤 시간일까? 누구에게나 똑같이 주어지는 절대적 시간인 크로노스와 달리, 카이로스는 상대적인 시간 개념으로 생체시계biological clock와 같다.

우리는 같은 시간이라도 사람마다, 상황마다 다르게 느낀다. 학창시절을 생각해보자. 책상에 앉아 하기 싫은 공부를 억지로 하려고 하면 어떤가? 시간이 정말 가지 않는다. 그런데 친구들이랑 놀거나 재미있는 게임을 하면 시간이 무척 빠르게 간다. 직장에서도 마찬가지다. 싫어하는 상사와 함께 일할 때는 시간이 거의 멈춰 있는 것 같지만 사랑하는 사람과 함께 있으면 시간이 쏜살처럼 빨리 지나간다. 아인슈타인의 말처럼 시간은 상대적이기 때문이다.

'적절한 때', '결정적 순간', '기회' 등을 뜻하는 카이로스는 양적인 시간이 아니라 질적인 시간이다. 변함없이 흘러가는 크로노스의 시간 속에서 우리가 능동적이고 의미 있게 보낸 그 시간을 카이로스라고 한다. 그냥 되는대로 시간을 보내는 게 아니라 의식적으로 보내는 시간을 의미한다.

사업을 발전시키기 위해 열중해서 일하고, 건강을 위해 땀 흘리며 운동하는 시간, 그리고 지금 이렇게 코로나 상황 속에서 미래를 위해 몰입해서 책을 읽는 시간을 카이로스라고 할 수 있다. 카이로스의 시간에는 집중력이 높아지고 몰입 상태가 된다. 예를 들어, 책을 30분만 읽으려고 했는데, 내용이 너무 재미있어 푹 빠져들었다가 어느 순간 시계를 보니 어느덧 3시간이 훌쩍 지나버린 것처럼.

그리스 신화에는 크로노스와 카이로스 신이 등장하는데, 이탈리아 토리노 박물관에 가면 조각상으로 형상화된 '카이로스'가 있다. 모습이 조금 우스꽝스러운데, 앞머리는 길고 무성하며 뒷머리는 짧고 휑하다. 발에는 날개가 달려 있고, 손에는 저울과 칼을 들고 있다. 하지만 조각상 밑에 새겨진 글귀를 보면 잠시 말을 잃게 된다.

앞머리가 무성한 이유는
사람들로 하여금 내가 누구인지
금방 알아차리지 못하게 하기 위함이며,
나를 발견했을 때는 쉽게 붙잡을 수 있도록 하기 위함이다.

뒷머리가 민머리인 이유는

내가 지나가고 나면

다시는 나를 붙잡지 못하도록 하기 위함이며,

발에 날개가 달린 이유는

최대한 빨리 사라지기 위해서고,

저울과 칼을 들고 있는 이유는

기회가 앞에 있을 때 저울과 칼을 꺼내

결단하라는 의미다.

나의 이름은 '기회'opportunity다.

당신은 '시간이 곧 기회'라는 생각을 해본 적이 있는가? 그동안 카이로스의 시간, 즉 기회를 얼마나 잡았던가? 시간을 그저 흘러가는 것으로만 생각하지 않았는가? 시간을 단지 크로노스의 개념으로만 받아들이면 수동적인 삶을 살기 쉽다. 능동적으로 의미 있는 삶을 만들어가고 싶다면, 크로노스의 시간에서 카이로스의 시간으로 옮겨가야 한다.

지하철로 출퇴근하는 시간에 멍하니 앉아 있는 것이 아니라, 독서나 영어공부를 해보는 건 어떨까? 회사에서 주어진 대로 무작정 일을 하는 게 아니라, 집중 업무와 비집중 업무를 나눠 능동적으로 일을 처리할 수도 있다. 퇴근 후 귀가해서 TV를 보거나 스마트폰으로 SNS만 하는 게 아니라, 헬스장에 가서 땀을 흘리며 운동하는 것도 카이로스의 시간을 만드는 좋은 방법이다.

이렇게 카이로스의 시간이 많아질수록 업무생산성이 높아지고, 현재에 더 몰입해서 살 수 있으며, 내가 원하는 미래를 만들어갈 수 있다. 모두가 어려움을 겪고 있는 코로나 상황이지만, 흘러가는 시간을 카이로스의 시간으로 만들기 위해 노력한다면 위기 속에서 기회를 만들어 낼 수 있을 것이다.

돈만 가계부 쓰나요?
시간도 가계부 쓰세요!

하루는 24시간이다. 누구도 더하거나 뺄 수 없는 절대적인 크로노스의 시간이다. 하지만 우리에게는 주어진 시간 속에서 무엇을 어떻게 할지 스스로 선택할 수 있는 자유가 있다. 시간을 관리할 때 가장 먼저 해야 할 일은 내게 주어진 시간을 분석하는 것이다. 먼저 '하루 24시간 가계부'를 쓰는 일부터 시작해보자.

우리가 흔히 쓰는 가계부는 현재 우리 가정의 재정 상태를 한눈에 파악하기 쉽게 정리한 표다. 이것을 작성하다 보면 흩어져 있어서 제대로 확인하지 못했던 수입지출 현황을 꼼꼼하게 확인하고 점검할 수 있다. 또 이를 통해 문제점을 파악하고 리모델링을 할 수도 있다.

마찬가지로 '하루 24시간 가계부'를 작성해보면 현재 나의 시간 상태가 어떤지 한눈에 파악할 수 있다. 이를 잘 활용하면 그냥 흘려보내던 크로노스의 시간들을 의미 있는 카이로스의 시간으로 리모델링하는 데 큰 도움이 된다.

아래 예시를 참고해 당신의 하루 24시간을 분석해보라. 우리의 하루 24시간은 보통 수면영역, 식사영역, 이동영역, 투자영역, 휴식영역, 업무영역, 관계영역, 기타영역 등으로 나눌 수 있다.

하루 24시간 가계부에서 체크해야 할 사항

1. 수면영역은 잠을 자는 시간이다.
   ☑ 좋은 컨디션을 위해 6시간 이상 숙면을 취하고 있는가?
2. 식사영역은 하루 세끼 밥 먹는 시간이다.
   ☑ 건강한 식단으로 하루 세끼를 모두 챙겨 먹고 있는가?
3. 이동영역은 출퇴근을 하며 이동하는 시간이다.
   ☑ 성장을 위해 자투리 시간을 활용해 자기계발을 하고 있는가?
4. 투자영역은 자기계발을 하는 시간이다. (운동, 독서, 어학공부 등)
   ☑ 성장을 위해 매일 반복하는 당신만의 자기계발 루틴이 있는가?
5. 휴식영역은 쉬는 시간이다.
   ☑ 심신의 건강을 위해 틈틈이 휴식을 취하고 있는가?
6. 업무영역은 일을 하는 시간이다.

● 하루 24시간 가계부 예시

하루	시간	영역	과업	합산
하루 24시간	1h	수면영역	8h 수면	8h
	1h			
	1h			
	1h			
	1h			
	1h			
	1h			
	1h			
	1h	식사영역	2h 식사(오전, 점심, 저녁+설거지)	2h
	1h			
	1h	이동영역	2h 왕복 이동	2h
	1h			
	1h	투자영역	2h 운동(헬스, 걷기)	5h
	1h			
	1h		2h 독서	
	1h			
	1h		1h 자기계발(얼굴 마사지 20분, 펜글씨 20분, 강연 시청 20분)	
	1h	휴식영역	1h 멍 때리기, 명상 등	1h
	1h	업무영역	5h 업무	5h
	1h			
	1h			
	1h			
	1h			
	1h	관계영역	1h 관계	1h

● 하루 24시간 가계부 정리해보기

하루	시간	영역	과업	합산
하루 24시간	1h			
	1h			
	1h			
	1h			
	1h			
	1h			
	1h			
	1h			
	1h			
	1h			
	1h			
	1h			
	1h			
	1h			
	1h			
	1h			
	1h			
	1h			
	1h			
	1h			
	1h			
	1h			
	1h			
	1h			

☑ 주어진 시간 동안 업무에 몰입해 생산성을 높이고 있는가?

7. 관계영역은 사람들과 보내는 시간이다.

☑ 사랑하는 가족, 소중한 친구와 시간을 잘 보내고 있는가?

8. 기타영역은 위의 영역들에 해당되지는 않지만, 당신이 원하는 것을 하는 자신만의 시간이다.

☑ 위의 영역 말고도 당신은 어떤 일로 시간을 보내고 있는가?

하루 24시간 가계부를 정리하며 느낀 점과 분석한 결과 기록하기

예를 들면 '그동안 업무영역이 지나치게 많고, 휴식영역이 부족했구나', '자기계발을 위한 투자영역이 거의 없었네'라고 생각할 수도 있다. 혹은 '의외로 활용할 수 있는 시간이 많았어' 하고 깨달을 수도 있다.

나의 경우 하루 24시간 가계부를 분석한 결과, 강의와 강의 준비, 집필 등 업무영역이 많아 성과는 좋은 반면, 휴식영역이 부족해 피로감이 높았다. 또 관계영역 중 가족과 함께하는 시간이 적었는데, 앞으로 이 시간을 더 확보해야겠다는 생각을 하게 되었다.

하루는 인생의 축소판이다. 인생은 어제와 오늘과 내일이 모여 만들어진다. 하루를 잘 보내야 인생을 잘 살 수 있다. 당신의 하루는 어떤가? 어떤 점이 만족스럽고, 어떤 점을 보완하고 싶은가? 부족한 점을 보완하기 위해 어떤 노력을 할 것인지 생각해보자.

[생각해보기]

Q. 하루 24시간 가계부를 작성하면서 느낀 점은?

Q. 그동안 잘해온 점은 무엇인가?

Q. 앞으로 보완해야 할 점은 무엇인가?

Q. 하루 24시간을 잘 살기 위해 어떻게 노력할 것인가?

최고의 하루를 만드는
과학적인 시간관리법

하루 24시간은 모든 사람에게 공평하게 주어지지만 그 시간을 사용하는 방법은 모두 다르다. 어떻게 하면 시간을 효과적으로 관리하면서 하루하루를 알차게 보낼 수 있을까? 최고의 효율을 발휘할 수 있는 시간관리 방법은 무엇일까? 결론부터 말하자면, 우리 뇌의 특성을 이해하고 잘 활용해서 시간을 관리하는 것이다.

이번 장에서 뇌과학에 기반한 시간관리법을 소개하기 위해 일본의 베스트셀러 작가이자 정신과 의사 가바사와 시온樺澤紫苑의 연구 자료를 참고했다. 그는 "뇌의 기능을 활용한다면 의욕, 집중력, 학습능력, 기억력, 상상력, 업무효율 등을 2~4배 가까이 높일 수 있다"고 말한다.

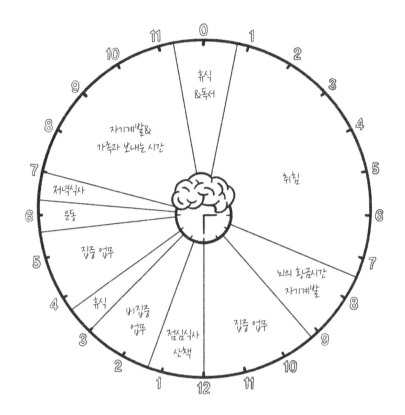

그렇다면 최신 뇌과학과 심리학 연구 결과를 토대로 시간을 어떻게 관리할 수 있을까? 뇌과학을 기반으로 시간을 관리하고 있는 나의 하루를 공개한다.

오전, 뇌의 황금 시간

출근 전

아침을 활기차게 시작하기 위해 7가지를 반복한다. 이 활동들은 기상 후 30분 동안 습관적으로 하는 루틴으로, 몸에 배어 있기 때문에 특별히 의식하거나 관리하지 않아도 자연스럽게 돌아간다.

아침에는 커튼을 활짝 연다. 아침에 창가로 들어오는 햇빛을 받으면 행복 호르몬인 세로토닌이 증가하기 때문이다. 기상 후 3분 정도 눈을 뜨고 침대에 누워 있는데, 눈으로 빛이 들어오면서 기분 좋게 잠에서 깨어날 수 있다.

잠에서 깨면 긍정적인 말로 자기암시를 한다. "오늘 하루도 행복하게 시작할 수 있어 감사합니다." "오늘도 건강하게 하루를 시작합니다. 모든 것이 감사합니다."

침대에서 일어나 가볍게 스트레칭을 한 뒤, 내가 좋아하는 기분 좋은 향기의 바디워시 제품으로 샤워를 한다. 얼굴에 로션을 바르며 가볍게 마사지를 하는데, 이때 웃는 얼굴을 만들면서 미소 연습을 한다. 그러고 나서 건강한 식단으로 아침식사를 한다.

출근 후

하루 중 집중력이 높은 시간이 언제인지 아는가? 기상 후, 휴식 직후, 퇴근 직전, 마감 전날 등이다. 그중에서도 가장 집중이 잘되는 시간대는 바로 아침이다. 우리의 뇌는 기상 후 2~3시간에 가장 활발하게 움직인다. 그래서 '뇌의 황금시간'이라고 부르기도 한다. 그 시간에 무엇을 하느냐로 하루에 처리할 수 있는 업무의 양과 질이 결정된다. 아침 30분은 저녁의 2시간과 같다고 보면 된다. 하루를 잘 활용하려면 이 시간에 무엇을 할지 신중히 생각해봐야 한다. 안타깝게도 많은 사람들이 이 황금 같은 시간에 SNS를 확인하거나 메일을 읽고 중요하지 않은 업무를 처리하는 등 엉뚱한 활동으로 뇌를 피로하게 만든다.

업무에는 집중하지 않아도 되는 '비집중 업무'와 고도의 집중력이 필요한 '집중 업무'가 있다. 오전에는 메일이나 메시지 확인, 복사, 회의 등의 비집중 업무 말고, 보고서나 결산서 작성, 프레젠테이션 자료 만들기 등의 집중 업무를 하는 것이 효율적이다.

나의 경우, 하루 스케줄이 강의 있는 날과 없는 날로 구분된다. 강의가 있는 날에는 오전에 교육 장소로 이동하고, 강의가 없는 날에는 집에서 재택근무를 시작한다. 차로 이동할 때는 유튜브나 팟캐스트, 오디오북 등을 들으며 자기계발을 하거나 소리 내 강의를 준비한다. 먼 거리가 아니면 되도록 대중교통을 이용하려고 하는데, 황금 시간에 운전으로 시간을 낭비하기가 아깝기 때문이다.

강의가 없는 경우, 집필실(작은방)로 출근한다. 가장 먼저 10분 동안 to do list(할 일 목록)를 그리며 스케줄을 확인한 다음, 15분 동안 종이에 펜글씨 연습을 한다. 나중을 대비해 판서 강의를 준비하는 측면도 있지만, 무엇보다도 뇌를 활성화하기 위해서다. 글씨를 바르게 천천히 쓰는 동안 마음이 안정되고 뇌를 자극함으로써 집중력과 활성도가 높아진다. 그다음 점심시간 직전까지 약 2시간에 걸쳐 원고를 쓴다. 집필을 하는 동안에는 집중이 깨지지 않도록 전화를 받지 않는다. 한번 집중이 흐트러지면 이어서 집중력을 높이기가 쉽지 않기 때문이다.

오후, 업무생산성 4배 높이기

점심시간

오전 업무를 마치면 점심식사를 하고 가볍게 산책을 하기 위해 집 밖으로 나간다. 최소 15분, 특히 나무가 많은 곳에서 천천히 산책을 한다. 숲속을 산책하는 것만으로도 스트레스 호르몬이 감소되고, 교감신경이 활성화되며, 혈압과 심박수가 감소한다. 심리적으로는 기분이 좋아지고 불안감이 없어진다.

나는 강의 장소에 가서도 점심시간에 꼭 산책을 한다. 햇빛을 받으면서 세로토닌을 증가시키기 위해서다. 그렇다면 집중력과 사고력을 높여주는 세로토닌은 언제 합성이 되는 걸까? 빛이 밝은 곳에 있을 때다. 조도 2,500럭스 이상의 빛을 5분 이상 받을 때 합성되기 시작한다. 대체로 아침 무렵의 햇빛이 여기에 해당된다. (대낮 실외의 조도는 1만 럭스 정도고, 어둑어둑한 저녁 무렵에는 1,000럭스 정도라고 한다.)

그런데 집안 형광등의 조도는 100~200럭스고, 꽤 밝은 형광등도 500럭스에 불과하다. 형광등이 여러 개 설치되어 눈이 부실 정도인 편의점의 조도도 겨우 800~1,800럭스다. 이처럼 실내의 조명으로 세로토닌 합성이 시작되는 2,500럭스의 밝기를 내기란 거의 불가능하다. 집안의 조도는 생각보다 매우 낮기 때문에 단 5분이라도 밖에 나가 산책을 해야 한다. 만약 산책이 어려운 상황이라면 창가의 햇빛이라도 받아야 한다.

산책을 하면서 아이디어를 구상하거나 회의를 할 수도 있다. 책상에 앉아서 몇 시간 고민하는 것보다 산책하면서 문득 떠오른 아이디어가 더 좋은 경우가 많다. 의사결정도 머리를 많이 쓰는 활동인데, 이때도 산책을 하면서 생각하면 도움이 된다. 가벼운 운동이 뇌를 활성화시키고 집중력, 주의력, 기억력, 창의력을 높이기 때문이다.

저녁식사 전까지

점심식사 직후에는 잠시 집중도가 올라가지만, 1~2시간이 지나면 급격히 떨어진다. 식곤증이 밀려오고 의지력도 떨어지기 때문이다. 이때 집중력을 의도적으로 높일 수 있는 아주 좋은 방법이 있다.

장소를 바꾸면서 일하기

내가 아는 한 기획자는 하루에도 장소를 서너 군데 옮겨가며 일한다. 늘 새로운 장소에서 일을 하는 것이다. 언젠가 그 이유를 물었더니, 장소를 바꾸면 효율이 높아지고, 창의적인 아이디어가 더 많이 떠오른다고 대답했다. 나중에야 알게 되었지만, 이는 뇌과학적으로도 근거가 있는 말이었다.

장소를 바꿔 일이나 공부를 하게 되면 장소 뉴런이 활성화된다. 미시간대학 연구팀이 이와 관련한 연구를 진행했다. 참가자들을 A그룹과 B그룹으로 나눠, 40개의 단어를 10분간 2회 외우게 했다. A그룹은 1회와 2회 모두 같은 방에서 외우고, B그룹은 각각 다른 방에서 외웠다. A그룹과 B그룹 중 어느 쪽이 더 많은 내용을 기억했을까? 같은 방에서만 단어를 외운 A그룹은 16개를 기억했고, 장소를 바꾸면서 외운 B그룹은 24개를 기억했다. 장소를 한 번 바꿔주는 것만으로도 기억력이 40퍼센트나 향상된 것이다.

이런 원리를 알고부터 나는 일을 한곳에서만 하지 않는다. 하루에 최소 세 번 장소를 바꾼다. 코로나19로 인해 외출을 하기가 쉽지 않은데 어떻게 자주 장소를 바꾼단 말인가? 간단하다. 방을 바꿔주면 된다. 오전에는 집필실인 작은방에서, 오후에는 안방에 있는 책상에서, 저녁에는 거실 테이블에서 일을 한다.

2~4시에는 중요한 일을 피하기

한 구직 사이트에서 직장인들을 대상으로 설문조사를 한 결과, 일을 하면서 실수를 가장 많이 하는 시간대가 밝혀졌다. 바로 오후 2~4시다. 점심식사 후의 포만감과 함께 오전 업무로 인한 피로가 겹쳐 졸음이 몰려오기 쉬운 시간이다. 자연스럽게 집중력이 떨어지기 때문에 이 시간대에는 중요한 일을 피하는 것이 좋다.

졸릴 때는 가벼운 낮잠 자기

점심을 먹고 오후가 되면 몸이 나른해지고 졸음이 온다. 이는 자연스러운 현상이다. 이럴 때 나는 졸음을 억지로 참지 않고 낮잠을 자거나 잠시 휴식을 취한다. 전문가들은 15~30분의 낮잠이 피로도를 낮춰 업무의 능률을 높여준다고 강조한다. 미국 수면학회와 나사(미국 항공우주국)의 연구 결과를 보면, 20~30분 정도 낮잠을 잘 경우 실제로 집중력과 업무수행 능력이 향상되는 것으로 나타났다.

개인마다 다르겠지만 대체로 30분 이상의 낮잠은 피하는 것이 좋다. 지나치게 오래 자거나 깊게 잠들면 회복이 더뎌 오히려 업무에 복귀하기 어려울 수 있다.

휴식할 때는 휴식만

낮잠을 잘 수 없는 경우에는 어떻게 해야 할까? 눈을 감아보자. 그러면 바로 뇌에서 심신을 안정시켜주는 알파파가 방출되기 시작한다. 따뜻한 손수건 등으로 눈을 가리거나 잠시 엎드려서 눈을 감고 있으면 된다. 이때 포인트는 아무것도 하지 않는 것이다.

대부분의 사람들은 휴식을 할 때 스마트폰을 보면서 정보를 검색하거나 SNS 활동 또는 게임을 한다. 이것은 결코 휴식이 아니다. 머릿속 상태를 더 복잡하게 만드는 행위다. 눈으로 계속해서 수많은 정보가 들어오기 때문이다. 정말로 휴식을 하고 싶다면 외부의 정보를 차단해야 한다. 참고로, 인간의 뇌는 시각정보를 처리하는 데 전체 용량의 80~90퍼센트를 사용한다. 사무직 종사자들은 대부분 컴퓨터를 보면서 일하기 때문에 시각정보 처리에 따른 뇌 피로도가 상당하다. 보기, 읽기 등으로 뇌가 지쳐 있기 때문에 휴식시간에는 반드시 뇌를 해방시켜줘야 한다.

하루 15분 움직이면서 청소하기

나는 하루에 적어도 15분은 타이머를 맞춰두고 꼭 청소를 한다. 깨끗한 공간에 있으면 무엇보다 기분이 좋고 건강에도 좋다. 게다가 일어서서 몸을 움직이며 가볍게 운동을 할 수 있는데, 15분 정도의 가벼운 운동만으로도 집중력과 기억력이 향상된다고 한다. 오랜 시간 책상에 앉아 일을 하다가 청소를 하는 동안 잠시라도 서 있을 수 있어서 허리 건강에도 도움이 된다. 전두엽이 활성화되어 집중력과 워킹메모리가 향상된다는 보고도 있다.

퇴근 직전 중요한 일 마무리하기

오후 중 다시 집중력이 높아지는 시간대는 4~5시다. 야근을 하지 않겠다고 마음을 먹으면 집중도가 올라간다. 따라서 직장인이라면 퇴근 직전에 중요한 업무, 즉 집중 업무를 하는 게 좋다.

저녁, 하루를 두 번 살 수 있는 방법

퇴근 후 운동하기

오전과 오후에 열심히 일을 했으니 저녁시간에는 몸이 피곤해진다. 그런데 이때 뇌를 사용하는 방법을 알면, 뇌의 황금시간인 오전과 비슷하게 최상의 상태로 다시 만들 수 있다. 나는 저녁시간을 활기차게 보내기 위해 저녁식사 전인 5~6시에 운동을 한다. 운동을 통해 머릿속을 리셋할 수 있기 때문이다. 해야 할 일이나 하고 싶은 일이 많을수록 운동을 더 열심히 한다.

운동을 하면 뇌에서는 어떤 일이 벌어질까? 의욕을 높여주는 신경전달물질 도파민 외에도 집중력과 상상력을 높이는 아세틸콜린이 분비된다. 또 집중력과 사고력, 행동력을 높여주는 세로토닌도 활성화된다. 약간 힘든 운동을 하면 '뇌 내 마약'이라고 불리는 엔도르핀이 분비되고, 30분 이상 유산소운동을 하면 지방 분해를 촉진하는 성장호르몬도 분비된다. 운동 후 '머리가 맑아지는 느낌'이 드는 건 이런 신경전달물질들의 복합작용 때문이다.

운동시간은 50~90분이 적절하다. 그 이상은 오히려 피로도를 높일 수 있다. 또 취침 2시간 전에는 운동을 하지 않는 게 좋은데, 잠들기 전 운동을 하면 교감신경이 활성화돼서 취침에 방해가 되기 때문이다.

자유시간

운동으로 집중도가 높아지면 저녁을 가볍게 먹은 뒤 다시 원고를 쓰거나 독서를 한다. 그리고 가족과 함께 산책을 하거나 대화를 나누면서 시간을 보낸다. 술은 거의 마시지 않지만, 특별한 날에는 적당히 즐기는 편이다. 음주가 과할 경우 수면시간이 단축되고 수면의 질이 떨어지며 피로가 풀리지 않기 때문에 주의해야 한다.

자기 전 15분 습관

편안하고 충분한 수면을 위해 취침 직전 무엇을 하면 좋을까? 흥미로운 사실은 취침 전 15분이 '기억의 황금시간'이라는 점이다. 인간은 잠을 자면서 하루 동안 입력된 정보를 처리하고 저장한다. 만일 공부를 하면서 반드시 기억해야 할 내용이 있다면 이 시간을 활용하는 게 좋다.

이와 관련해 흥미로운 실험이 있다. 공부를 하고 나서 취침 전 2시간 동안 아무것도 하지 않은 A그룹과 영화를 본 B그룹이 있다. 다음 날 공부한 내용에 대해 테스트를 했는데, A그룹은 성적이 좋았지만 B그룹은 낮았다. 바로 '기억 충돌' 때문이다. 어떤 것을 공부한 뒤 전혀 상관없는 정보를 머릿속에 입력하면 잠을 자는 동안 뇌 속에서 정보 간 충돌이 일어나 혼란스러운 상태가 된다.

이 사실을 안 뒤로 나는 취침 직전에는 되도록 TV를 보거나 SNS를 하지 않으려고 노력한다. 특히 부정적인 내용이 담긴 영상이나 정보는 피한다. 부정적인 내용이 머릿속에 들어오면 다음 날 머리가 아프고 몸이 쉽게 피로해지기 때문이다.

그럼 어떻게 해야 할까? 나는 잠을 자기 직전 독서를 한다. 업무 관련 책이 아닌 시, 에세이 등 마음을 편안하게 해주는 책을 읽는다. 만약 종교가 있다면 성경이나 불경 등 경전을 읽는 것도 도움이 될 것이다. 잠들기 직전 긍정적인 내용의 책을 읽으면 마음이 편안해진다. 또 책을 읽다 보면 부교감신경이 활성화돼 서서히 잠이 오고 편안한 수면을 취하는 데 도움이 된다.

시간관리 체크리스트

지금까지 뇌과학을 기반으로 시간을 관리하는 방법을 살펴보았다. 이 것은 물론 뇌를 기준으로 가장 이상적인 솔루션으로, 모두 실천하기란 현실적으로 쉽지 않다. 하지만 하나라도 일상생활에 접목시킨다면 이 전보다는 나은 하루를 보낼 수 있다. 아래 체크리스트를 참고해 자신 에게 가장 효율적인 시간관리 방법을 찾아보자.

뇌가 좋아하는 〈시간관리 체크리스트〉

<u>오전</u>

아침시간을 활기차게 보내는 7가지 방법

☐ 아침에 커튼을 활짝 열기

☐ 기상 후 3분 동안 눈을 뜨고 누워 있기

☐ 가볍게 스트레칭하기

☐ 긍정적인 말로 자기암시를 하며 하루를 시작하기

☐ 내가 좋아하는 기분 좋은 향의 바디워시로 샤워하기

☐ 얼굴을 마사지하면서 웃는 얼굴 만들기

☐ 건강한 식단으로 아침식사하기

출근 후 하지 말아야 할 일

☐ 지나친 SNS 확인

☐ 불필요한 문자메시지나 스팸메일 열람

☐ 중요하거나 긴급하지 않은 업무에 지나친 집중

출근 후 해야 할 일

- [ ] to do list로 스케줄 체크하기
- [ ] 뇌를 활성화하는 활동하기(펜글씨 연습 등)
- [ ] 집중 업무하기(전화가 오면 자동응답 메시지로 답변)

오후

점심시간

- [ ] 15분 산책하기
- [ ] 아이디어 구상하기
- [ ] 회의를 하거나 의사결정하기

저녁식사 전까지

- [ ] 장소를 바꾸면서 일하기
- [ ] 2~4시에는 중요한 일 피하기
- [ ] 졸릴 때는 가벼운 낮잠 자기(15분 이내)
- [ ] 휴식할 때는 휴식만 하기(인터넷, SNS, 게임하지 말기)
- [ ] 하루 15분 움직이면서 일어서서 청소하기
- [ ] 퇴근 직전 중요한 일 마무리하기

저녁

- [ ] 퇴근 후 운동하기
- [ ] 자유시간(독서, 가족과 함께하기 등)
- [ ] 자기 전 15분 습관(마음이 편안해지는 책 읽기 등)

to do list를 잘 쓰는
방법 5가지

시간을 관리한다고 하면 시간에 얽매인다고 생각할 수도 있다. 하지만 오히려 그 반대다. 시간을 잘 관리할 수 있으면 시간의 주인이 되어 보다 자유롭게 활용할 수 있다. 시간관리의 기본은 'to do list', 즉 '할 일 목록'을 작성하는 것이다.

to do list는 종이와 펜만 있으면 누구든지 작성할 수 있지만, 원리를 모르고 쓰면 오히려 역효과가 날 수도 있다. 내용을 두서없이 나열하다 보면 해야 할 일이 계속 쌓이고 정리가 되지 않아 오히려 스트레스가 가중되고 만다. 좋은 to do list의 조건을 알아보기 전에 먼저 좋지 않은 to do list에는 어떤 특징이 있는지부터 살펴보자.

좋지 않은 to do list의 특징

해야 할 일이 두서없이 나열되어 우선순위를 알 수 없다

시간관리에서 가장 중요한 점은 긴급하면서 중요한 일부터 처리하는 것인데, 좋지 않은 to do list는 그저 해야 할 일만 나열되어 있을 뿐 어떤 일이 중요한지 알 수 없다. 해야 할 일을 나열하는 것만으로도 어느 정도는 도움이 되지만, 효율적으로 시간을 관리하고 싶다면 '나열'에서 한 단계 나아가 '분류'와 '배열'까지 이뤄져야 한다.

● to do list(좋지 않은 예시)

3월 1일 to do list

☐ 노트북 A/S 받기
☐ 각종 고지서 납부
☐ 업체 미팅 준비
☐ 이메일 발송
☐ 영어공부
☐ 운동
☐ 고객답변하기
☐ 강의안 만들기
☐ 집필하기
☐ 상세페이지 내용 변경
☐ 독서
…

소요시간과 담당자가 적혀 있지 않다

to do list를 작성할 때는 소요시간을 최대한 정확히 계산해야 한다. 그래야 계획대로 일을 추진해 주어진 시간 안에 처리할 수 있다. 시간이 적혀 있지 않으면 일이 한없이 늘어지게 된다. 또 그 일을 담당할 사람을 명시하지 않으면 일이 흐지부지될 확률이 높다.

to do list를 눈에 잘 보이는 곳에 두지 않는다

일을 시작하기 전에 to do list를 작성하더라도 잘 보이는 곳에 게시하지 않으면 일을 하는 동안 제대로 활용할 수가 없다. 요즘은 스마트폰과 컴퓨터만 있으면 to do list를 관리할 수 있는 방법이 아주 많다. 메모관리 애플리케이션 에버노트Evernote나 목차 형태로 생각을 정리하는 워크플로위Workflowy를 다운받아 사용할 수 있다. 구글의 '할 일 관리' 애플리케이션인 태스크Tasks나 킵Keep은 구글 캘린더와 연동된다. 또 디지털 마인드맵 알마인드나 씽크와이즈 등도 유용하다. 이런 애플리케이션들은 사용 방법이 쉽고, 분류 기능도 잘되어 있으며, 캘린더와 연동해 효율적으로 사용할 수도 있다.

그런데 나는 to do list를 작성할 때는 가급적 스마트폰이 아니라 종이에 직접 쓴다. 밖에서 불쑥 아이디어가 떠오르면 스마트폰을 켜고 에버노트에 메모를 하지만, 시간관리만큼은 종이를 활용해서 눈앞에 두고 계속 확인할 수 있도록 한다.

하지만 사실 진짜 이유는 따로 있다. 스마트폰으로 to do list를 작성하거나 확인하려면 어쩔 수 없이 스마트폰을 봐야 하는데, 그때마다 인터넷이나 게임, SNS를 하고 싶어진다. SNS를 클릭하는 순간, 피드에 올라온 재미있는 글이나 친구들의 사진을 보게 되고, 누군가가 올려놓은 마케팅 글에 낚이게 된다. 그런 식으로 나도 모르게 스마트폰에 빠져 시간을 무의미하게 흘려보내고 있다는 사실을 깨달은 후, to do list를 종이에 작성하기 시작했다. 그 결과 스마트폰의 늪에서 빠져나올 수 있었다.

좋은 to do list를 작성하는 방법

좋은 to do list는 좋지 않은 to do list의 반대라고 보면 된다. 해야 할 일을 항목별로 잘 분류하고, 중요도에 따른 우선순위를 정한다. 소요시간 또는 마감시한을 정확히 계산해서 적고, 일의 담당자와 책임자가 누구인지 명시한다. 그리고 그 내용을 계속해서 확인할 수 있도록 눈에 잘 보이는 곳에 게시한다.

☑ 1. 해야 할 일이 항목별로 분류되어 있는가?
☑ 2. 중요도에 따른 우선순위가 정해져 있는가?
☑ 3. 소요시간 또는 마감시한을 계산했나?
☑ 4. 일의 책임자와 담당자가 누구인지 명시했나?
☑ 5. 눈에 잘 보이는 곳에 두고 활용하는가?

● to do list(좋은 예시)

3월 1일 to do list

1. 업무
1) 집중 업무
   ① 집필하기 (4시간, 혼자)
   ② 강의안 만들기 (2시간, 혼자)
   ③ 상세페이지 내용 변경
      (1시간, 팀원과)

2) 비집중 업무
   ① 업체 미팅 준비 15분 (팀원과)
   ② 이메일 발송 5분 (팀원이 처리)
   ③ 고객답변하기 3분 (팀원이 처리)

2. 일상
1) 자기계발
   ① 운동 (50분, 트레이너랑 PT)
   ② 독서 (50분, 혼자)
   ③ 영어공부 (50분, 혼자)

2) 처리할 일
   ① 노트북 A/S 받기 (30분, 서비스센터)
   ② 각종 고지서 납부
      (5분, 모바일 서비스)

시간도둑을 잡는
not to do list

해야 할 일과 하고 싶은 일을 잘하기 위해서는 먼저 하지 말아야 할 일을 파악하고 관리할 필요가 있다. not to do list를 작성하면 그동안 불필요하게 해온 일과 버려진 시간을 파악할 수 있다. 한마디로 '시간도둑'을 잡을 수 있는 것이다.

하루에 낭비되는 3시간만 줄여도 한 달에 90시간을 벌 수 있다. 90시간이면 무려 3.75일이다. 1년이면 45일이나 더 쓸 수 있게 되는 셈이다. 회사에서 주는 휴가보다 더 긴 시간이다.

그런데 그동안 우리는 그 소중한 시간에 무엇을 했을까? 대부분 인터넷과 SNS, 게임 등 스마트폰을 들여다보며 흘려보냈을 가능성이 크

● not to do list(예시)

not to do list

☑ TV 시청(2시간)
☑ 유튜브 시청(1시간)
☑ 인스타그램(30분)
☑ 페이스북(20분)
☑ 인터넷 서핑(10분)
☑ 게임(30분)

되찾은 시간은? "4시간 30분!!"

다. 요즘은 많은 사람들이 특히 SNS를 하는 데 많은 시간을 사용한다. SNS에 신경을 쓰다 보면 집중력이 떨어지고 주의가 산만해져 업무효율과 학습능력이 저하된다.

미시간대학의 연구에 따르면, SNS 이용시간이 길수록 주관적 행복감은 낮아지고 고독감과 우울감이 심화되었다. 반대로 SNS 이용시간을 30분 이내로 제한했더니 고독감과 우울감이 대폭 낮아졌다. 피츠버그대학의 연구에서는 SNS 이용시간이 긴 사람이 짧은 사람에 비해 우울증에 걸릴 위험이 2.7배 높다는 결과가 나왔다.

나도 한때 스마트폰을 많이 사용했다. 하지만 위와 같은 여러 연구결과를 인지한 뒤 이용시간을 줄이기 위해 노력했다. 그러자 차츰 그 시간 동안 할 수 있는 다른 일들이 보이기 시작했다. 인터넷 대신 독서를 하고, SNS 대신 직접 연락해 소통했으며, 온라인 게임 대신 산책 시간을 늘렸다.

그동안 당신은 '무엇'을 하며 시간을 '얼마나' 낭비했는가? 그 시간을 되찾게 되면 앞으로 무엇을 하고 싶은가? 종이에 not to do list를 작성하면서 소중한 시간을 되찾아보자.

우선순위로 시간의
황금레시피 만들기

시간관리의 핵심은 일의 우선순위를 정하는 것이다. 우선순위가 바뀌면 인생이 바뀐다.

성공한 사람들은 중요한 일에만 집중한다

패션업에 종사하고 있는 H대표를 만나 회사 전직원을 대상으로 교육을 하고 이후 H대표의 생각정리 컨설팅을 했다. 그에게는 수행실장이 있는데, 그가 하는 일이 독특했다. 기본적인 스케줄관리와 운전을 포함한 수행 업무를 하는데, 식사시간에 맞춰 '비타민'을 챙겨주는 일까지 했다.

군이 그런 것까지 맡길 필요가 있을까 생각할 수도 있다. 하지만 글로벌 비즈니스를 준비하고 있는 H대표는 상대적으로 중요하지 않은 일에 신경을 쓰는 게 에너지 낭비라고 생각했다. 그래서 그런 일은 수행비서와 직원들에게 위임하고, 자신은 CEO로서 해야 할 중요한 업무에만 집중했다.

실제로 회사에서 높은 직급의 사람들에게 모든 것을 보고하거나 결재를 받지는 않는다. 기업의 중역은 중요한 의사결정을 하는 역할을 하므로 거르고 걸러 잘 필터링된 정보만 받아본다.

기업의 중역만 그래야 할까? 인간은 모두 능력에 한계가 있고, 시간과 자본도 한정돼 있다. 따라서 나에게 중요한 일이나 내가 잘할 수 있는 일에 집중하고, 다른 사람들에게 위임해도 되는 일들은 과감하게 맡겨야 한다. 일을 잘 맡기는 것도 능력이다.

성공한 사람들이 우선순위를 정하는 법

스티븐 코비Stephen Covey의 《성공하는 사람들의 7가지 습관》에 제시된 시간관리 매트릭스를 활용하면 우선순위를 깔끔하게 정리할 수 있다. '중요성'과 '긴급성'의 두 축으로 구성된 2×2 매트릭스에는 4개의 영역이 있다.

- 긴급하고 중요한 일
- 중요하지만 긴급하지 않은 일
- 긴급하지만 중요하지 않은 일
- 긴급하지도 중요하지도 않은 일

이 중 최우선적으로 실행해야 하는 일은 당연히 '긴급하고 중요한 일'이다. 회사원이라면 최고책임자나 상사의 지시 수행, 고객의 클레임 해결, 위기 대처 등일 것이다. 당신의 to do list에 이처럼 긴급하고 중요한 일이 있다면 최대한 신속하고 정확하게 마무리해야 한다.

그다음에는 '긴급하지만 중요하지 않은 일'을 한다. 어떤 일이 더 긴급한가는 사람에 따라 다를 수 있는데, 대체로 오늘 안에 마감해야 하는 일은 긴급도가 높다고 할 수 있다. 보고서 작성, 회의, 전화나 손님 응대 등이 여기에 속한다. 그런데 이 중에서도 중요도가 낮은 일들이 있다. 이를테면 간단한 전화 응대나 보고서 작성 등은, 만약 부하직원이 있다면 위임을 하고 당신은 더 중요한 일을 하는 게 효율적이다. 나의 경우, 강의 의뢰 전화나 이메일 응대, 강의 일정 잡기, 강사이력서 등 필요 문서 보내기 등은 긴급하지만 중요하지 않은 일이라 다른 직원에게 위임하고 있다.

스티븐 코비는 시간관리 매트릭스에서 '긴급하지 않지만 중요한 일' 영역이 중요하다고 강조했다. 그것은 바로 '미래를 향한 투자' 시간이기 때문이다. 당장 급하지는 않지만 미래를 생각하면서 자신의 업무능력을 향상하고, 자기계발을 하고, 부하직원을 지도 및 육성하고, 효율

적인 업무 시스템을 구축하는 것 등이 이 영역에 해당한다. 이런 일들
은 지속적으로 늘려가야 한다.

나의 경우, 꾸준히 책을 쓰고 있다. 최소 1년 이상의 시간이 걸리고
인내와 노력이 필요한 작업이지만, 이를 통해 부족한 점은 보완하고
지속적으로 새로운 콘텐츠를 개발할 수 있다. 그 결과 더 좋은 강의를
할 수 있게 되어 강의 의뢰가 늘어나고, 강의가 많아지면 자연스럽게
강의력도 향상되어 추가 의뢰가 들어오는 선순환이 이어진다. 또 유튜
브 영상을 제작해 올리는 일도 긴급하진 않지만 중요한 일이라고 할

● 스티븐 코비의 시간관리 매트릭스

	긴급함	긴급하지 않음
중요함	긴급하고 중요한 일 최고 책임자나 상사의 지시 수행, 고객의 클레임 해결, 위기 상황 대처 등	중요하지만 긴급하지 않은 일 미래를 향한 투자(자기계발), 업무능력 향상을 위한 공부, 부하직원 지도 및 육성, 효율적인 업무 시스템 구축
중요하지 않음	긴급하지만 중요하지 않은 일 보고서 작성, 이메일 보내기, 회의, 간단한 전화 응대	긴급하지도 않고 중요하지도 않은 일 불필요한 인터넷, SNS, 게임, 남에게 보이기 위한 일, 시간 때우기용 작업, 의미 없는 잡담, 업무 대기시간 등

수 있다. 당장 수익이나 성과가 나오진 않지만, 장기적으로 볼 때 콘텐츠가 홍보되어 새로운 독자와 학습자를 만날 수 있게 된다.

'긴급하지 않지만 중요한 일'의 대표적인 활동이 자기계발이다. 운동, 독서, 어학공부, 자격증 취득 등은 당장 효과가 나타나는 게 아니기 때문에, 장기 플랜으로 생각하고 루틴을 만들어 오랜 시간 반복해야 한다.

끝으로 '긴급하지도 중요하지도 않은 일'은 당장 그만둬야 한다. 앞에서 not to do list를 언급했는데, 시간관리를 잘하려면 내 시간을 앗아가는 이런 시간도둑부터 잡아야 한다. 인터넷, SNS, 게임 등을 줄이고, 업무에서는 남에게 보이기 위한 일, 시간 때우기용 작업, 의미 없는 잡담, 업무 대기시간 등을 줄여나가야 한다.

직장에서 일의 우선순위 정하기

스티븐 코비의 시간관리 매트릭스는 일상생활에 필요한 시간관리 가이드로 제시되었다. 그렇다면 직장에서는 어떤 기준으로 일의 우선순위를 정해야 할까? 최근 삼성경제연구소에서는 시간관리에 대하여 2가지 기준을 제시하고 있다. 하나는 '일의 가치'work value이고 다른 하나는 '시간제한'time limit이다. 이 두 축의 2×2 매트릭스로 직장에서의 일을 구분하면 본질적 업무, 미래준비성 업무, 단발성 업무, 보조적 업무로 나눌 수 있다.

'본질적 업무'는 개인이 맡은 본업과 주요 과제를 의미한다. '미래준비성 업무'는 당장 성과가 눈에 띄는 업무는 아니더라도 개인과 조직의 미래를 위해 현재 꼭 수행해야 하는 장기적 과업이다. '단발성 업무'는 본업은 아니지만 회의나 협업 등 개인의 직무와 역할, 조직 내의 관계에 따라 요청받아 수행해야 하는 업무다. '보조적 업무'는 점검이나 취합 등 자신의 본업을 잘 수행하기 위해 일상적으로 처리해야 하는 업무다.

자, 그럼 우선순위는 어떻게 정해야 할까? 삼성경제연구소 연구팀은 70 : 15 : 10 : 5의 비율로 업무시간을 관리하라고 제안한다. 이것이 바로 시간관리 황금레시피라는 것이다.

본질적 업무는 70퍼센트: 몰입하라!

직장에서 보내는 시간의 약 70퍼센트는 본질적 업무에 쓸 수 있어야 한다. 이때 필요한 시간관리 방법은 '몰입'이다. 최대한 업무에 몰입해 시간당 생산성을 높이고 성과를 창출해야 한다.

미래준비성 업무는 15퍼센트: 투자하라!

최소 15퍼센트 정도는 미래를 준비하는 업무에 '투자'해야 한다. 미래에도 활용 가능한 자신의 경쟁력은 무엇인지 파악하고, 업무를 수행하는 과정에서 의도적으로 그 역량을 개발해야 한다.

단발성 업무는 10퍼센트: 통제하라!

회의나 협업 등 단발성 업무의 수행에 필요한 시간관리 방법은 '통제'다. 하나의 단발성 업무를 처리하는 데는 많은 시간이 필요하지 않지만, 예측하지 못한 단발성 업무가 수시로 발생할 경우 업무계획에 차질이 생기기 때문에 적절하게 통제할 필요가 있다.

보조적 업무는 5퍼센트: 축소하라!

본질적 업무를 잘 수행하기 위해 꼭 필요하지만 그 자체가 가치를 창출하는 일은 아니므로, 여기에 너무 많은 시간을 할애하다가는 본말

● 삼성경제연구소에서 밝혀낸 시간관리의 비밀

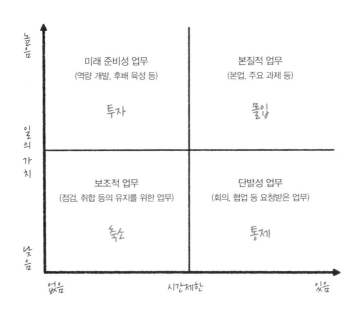

이 전도될 수 있다. 효율화와 자동화를 통해 보조적 업무에 쓰는 시간을 줄여야 한다.

당신의 업무를 위 네 영역으로 구분하고, 황금 레시피를 참고해 우선순위를 매겨보자.

성장 사이클:
나만의 루틴 만들기

파리의 카페에 앉아 있는 파블로 피카소에게 한 아름다운 여인이 다가와 자신을 그려달라고 부탁했다. 피카소는 단 몇 분 만에 여인의 모습을 스케치해주고는 터무니없이 비싼 금액을 요구했다. 여인은 놀라서 항의했다.

"그림을 그리는 데 불과 몇 분밖에 걸리지 않았잖아요?"

피카소가 대답했다.

"천만에요, 나는 당신을 그리는 데 40년이나 걸렸습니다."

피카소가 그림을 그린 시간은 실제로 불과 몇 분이었다. 하지만 그 몇 분 만에 스케치를 완성할 수 있을 정도의 실력을 쌓기 위해 그는 40

년간 수없이 많은 화폭을 찢어내며 자신만의 작품세계에 몰입했다. 그 시간의 무게를 과연 그 여인이 짐작조차 할 수 있었을까? 앞에서도 언급했듯이, 시간은 상대적이다. 똑같은 몇 분이라도 여인에게는 그저 그림이 완성되기까지 기다리는 시간이었고, 피카소에게는 40년의 노력이 응축된 시간이었다. 같은 시간이라도 가치가 다른 것이다.

그렇다면 이런 가치를 만들어내기 위해서는 어떻게 해야 할까? 스티븐 코비가 말한 '긴급하지 않지만 중요한 일'에 투자를 해야 한다. 이 영역은 한순간에 결과가 만들어지지 않기 때문에 장기간 계획을 세워 지속적으로 시간을 투자해야 한다. 사실 미래를 바라보는 이 영역에 좀 더 많은 시간을 쓰기 위해 현재 시간을 관리하는 것이라고 해도 과언이 아니다.

시간관리를 하는 이유는 크게 2가지다. 하나는 신속하게 실수 없이 일을 잘 처리하기 위해서고, 또 다른 하나는 주어진 시간 동안 꾸준히 성장해서 인생을 성공적으로 살기 위해서다. 물론 그 성공의 의미는 사람마다 다르겠지만, 한 가지 분명한 사실은 성공은 한순간에 이뤄지지 않는다는 것이다.

그렇다면 어떻게 해야 할까? '천 리 길도 한 걸음부터'라고 했다. 거대한 목표를 한번에 이루기는 어렵지만, 난이도에 따라 목표를 작게 나누고 한 발짝씩 나아가면 이룰 수 있는 확률이 점점 높아진다. 첫걸음부터 마지막 한 걸음까지 목표를 잘 쪼개는 것이 중요하다. 바로 '스몰 스텝 전략'이다. 이 전략을 토대로 매일매일 반복할 수 있는 루틴을 만들어야 한다.

월\목록	1	2	3	4	5	6	7	8	9	10	11	12	13	14	15	16	17	18	19	20	21	21	22	23	24	25	26	27	28	29	30
집필																															
운동																															
얼굴 마사지																															
독서																															
글씨 연습																															
디자인 연습																															
청소																															
강의 준비																															
SNS 활동																															
온라인 클래스																															

나의 경우 루틴 체크리스트를 만들어 성장을 위한 자기계발을 실천하고 있다. 시간관리를 할 때 중요한 건 모든 일이 물 흐르듯 자연스럽게 유기적으로 연결되도록 나만의 루틴을 만드는 것이다. 특히 자신의 미래를 위해 '긴급하지 않지만 중요한 일'에 시간을 투자하기 위해서는 반드시 시간을 정해놓아야 한다. 그래야 깊게 생각하지 않고 바로 행동들을 반복할 수 있다. 성장은 제대로 된 반복에서 온다.

제5장

당신의 목표를
정리해드립니다

목표를 이루는 사람의 시간은 거꾸로 간다

원하는 미래를 만들기 위해서 가장 먼저 해야 할 일은 무엇일까? 미래의 모습을 글이나 그림으로 시각화하는 것이다. 구석기 시대에도 인류는 소망을 담아 원하는 바를 그림으로 표현했다. 동굴벽화를 보면 다양한 동물이 그려져 있는데, 이는 대부분 구석기인들의 사냥감이었다. 라스코 동굴의 벽화에는 동물의 어디를 어떻게 찔러서 사냥할지 그린 부분이 있다. 왜 이런 그림을 그렸을까? 그림을 통해 구체적인 목표를 정하고, 그 목표에 어떻게 도달할 수 있을지 미리 생각했던 것이다. 이것은 제례의식의 일종이기도 했는데, 이런 의식을 통해 짐승에 대한 두려움을 없애고 사냥 의지를 키웠을 것으로 보인다.

이처럼 인류는 오랜 옛날부터 항상 무언가를 갈망했고, 그것을 목표로 세웠으며, 목표한 바를 이루기 위해 노력해왔다. 현대 사회에도 개인이든 조직이든 성장하기 위해 크고 작은 목표를 설정하며, 이를 달성하기 위해 힘쓰고 있다.

그렇다면 목표는 어떻게 세워야 할까? 목표를 설정하는 방법을 이해하려면 먼저 적산적 사고와 역산적 사고를 알아야 한다.

적산적 사고forecasting 는 현재를 기점으로 미래를 예측해보는 사고법이다. 과거와 현재의 데이터를 분석하고 그것을 바탕으로 가까운 미래를 예측할 때 사용한다. 현실적인 계획을 세울 수 있다는 장점이 있지만, 과거의 연장선에서 미래를 바라보기 때문에 혁신적인 아이디어를 기대하긴 어렵다. 그래서 장기간의 목표를 세울 때는 역산적 사고로 접근하는 게 더 효과적일 수 있다.

역산적 사고backcasting 는 목표를 먼저 설정한 다음, 미래에서 현재까지 역순으로 생각하는 방법이다. 목표하는 미래를 먼저 그려보기 때문에 과거에 얽매이지 않고 발상할 수 있다. 따라서 기존의 방법으로는 해결할 수 없었던 문제에 새롭게 접근하고 싶거나 지금까지와는 전혀 다른 삶을 시작하고 싶을 때 사용하면 유용하다.

역산적 사고로 미래를 그려보는 데는 다음 2가지 방법이 있다.

3~10년 뒤 되고 싶은 모습을 종이에 시각화한다

타임머신을 타고 미래로 갔다고 상상해보자. 당신은 어떤 모습이 되어 있으면 좋겠는가? 되고 싶은 것, 하고 싶은 것, 갖고 싶은 것, 가고 싶은 곳 등 무엇이든 상관없다. 아래의 매트릭스 왼쪽 칸에는 원하는 모습을 키워드로 적고, 오른쪽 칸에는 전체적인 모습을 그림으로 그려보자. 아주 간단한 방법이지만 손으로 목표를 시각화하는 과정에서 막연했던 미래가 점점 구체적으로 변하는 것을 볼 수 있다.

● 3년 뒤 되고 싶은 모습 시각화

자체 홈페이지 운영 및 온라인 강의	100만 유튜브 채널 운영하기	강남역에 생각정리클래스 공간 운영하기
생각정리 시리즈 10권 집필	3년 뒤 생각정리스킬	디지털 노마드의 삶 온라인 강의
해외에서 생각정리스킬 강연하기	생각정리 자체 소프트웨어 개발	온라인 영상 제작

목표를 이루는 과정을 로드맵으로 역산해본다

목표사다리 기법이다. 3~10년 뒤 모습을 시각화했다면 이제 로드맵을 만들 차례다. 나는 이 로드맵을 '목표사다리'라고 부른다. 목표를 이루기까지 과정을 역산해서 각각의 단계를 만들기 때문이다. 다음의 순서로 로드맵을 만들어보자.

① 로드맵의 세로축은 성장의 폭이고, 가로축은 목표달성 기간이다.

② 목표를 이뤄나갈 과정을 3단계로 나눈다.

③ 3단계: 최종 목표 → 2단계: 중간 목표 → 1단계: 중간 목표 → 현재 모습 순으로 목표를 달성하기 위한 과정을 역산해본다.

④ 주의사항이 있다. 최종 목표를 과거의 연장선에서 할 수 있을지 없을지 가늠하지 말고, 원하는 미래의 모습을 자유롭게 그려보는 것이다.

⑤ 최종 목표를 이루기 위해 필요한 전략과 자원이 무엇인지 생각한다.

예를 들어, 나는 현재 오프라인 교육 회사 중심으로 운영을 하고 있다. 그런데 나의 목표는 온라인 글로벌 콘텐츠 기업이다. 만약 현재 입장에서 본다면, 3단계의 온라인 글로벌 콘텐츠 기업은 상상하기에도 너무 먼 미래고 이룰 수 없는 목표처럼 보인다. 하지만 1단계에서 온라인 교육 콘텐츠 회사로 발전하고, 2단계에서 영상이나 책의 내용을 잘 번역해서 해외에 알린다면, 3단계 글로벌 시장으로 진출하겠다는 가능성이 열린다.

실제로 많은 유튜브 크리에이터들이 자신의 영상 콘텐츠에 다양한 언어의 자막을 얹어 글로벌 크리에이터로 성장하고 있다. 유튜브 채널

● 복주환의 목표사다리

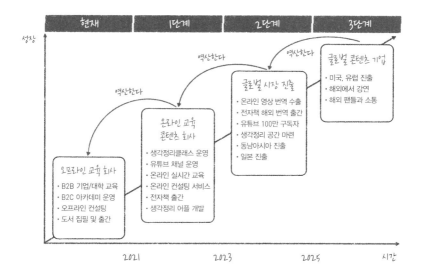

〈MKTV〉를 운영하는 김미경 대표의 경우, 해외에서도 많은 구독자가 시청한다. 그뿐만 아니라 유튜브에서 한국의 K-pop 문화를 설명하는 DKDKTV, 한국어 교육을 하고 있는 Korean Unnie, 틱톡에서 한국어 교육을 하는 sichanoppa(시찬오빠) 유시찬 등도 이미 글로벌 크리에이터로 진출한 성공적인 사례다.

당신이 이루고자 하는 꿈은 이미 누군가 이룬 꿈일지도 모른다. 그가 어떻게 그 과정을 만들어나갔는지 잘 분석해보자. 롤모델과 관련된 책이나 인터뷰 기사 등을 참고하면, 그 사람을 벤치마킹해 나의 목표를 이룰 수 있는 길을 찾아갈 수 있을 것이다.

성공한 사람들은
장기간 전망을 한다

목표를 세울 때 인생을 얼마나 길게 바라보는 것이 좋을까? 길면 길수록 좋다. 10년 이상의 장기적인 관점에서 목표와 계획을 세우는 것이 성공을 위한 중요한 기준이 된다.

성공한 사람들은 장기적인 관점에서 계획을 세운다

이와 관련된 연구를 50년 이상 이어온 하버드대학 에드워드 밴필드 Edward Banfield 교수는 '장기간 전망'long time perspective 이라는 개념으로 성공한 사람들과 그렇지 못한 사람들의 차이를 설명했다. 그는 사회적으로 성공한 사람일수록 좀 더 먼 미래를 고려해 계획을 세운다고 말한다. 반면 사회적 지위가 상대적으로 낮은 사람들은 시간 전망이 짧았다. 그 결과 즉각적 만족에 초점을 맞춰 계획을 세우는 경향이 있고, 그로 인해 장기적 관점에서 보았을 때 성과가 낮았다.

밴필드 교수는 "장기적인 관점에서 계획을 수립하는 것이야말로 인생과 직장에서의 성공을 결정하는 가장 중요한 요소"라고 강조했다. "성공한 사람들은 5년, 10년, 20년 후 자신이 어디 있기를 원하는지 정확히 설정해 미래지향적 목표를 수립한 뒤, 그 목표에서 역으로 세부 실행계획을 세운다. 하지만 대다수 사람들은 눈앞의 상황에 매몰되어 살고 있다."

또 다른 연구도 있다. 하버드대학에서 100명의 학생에게 "10년 후 어떤 곳에서 어떤 일을 하고 싶은가?"를 물었다. 조사에 응한 학생 대부분은 재력과 명예를 얻고, 대기업을 경영하거나, 세계에 지배력과 영향력을 미칠 수 있는 중요한 일을 하고 싶다고 대답했다. 그런데 100명 중 단 10명만이 목표를 제대로 설정하고 있었다. 무엇을 해야 할지 정확한 목표가 있었고, 언제까지 어떤 결과를 이루겠다는 구체적인 계획과 그 이유를 써낸 것이다.

10년이 지난 후 어떤 결과가 나왔을까? 응답자 100명 중 목표가 정확했던 10명의 자산이 100명 전체 자산의 96퍼센트를 차지했다.

물론 요즘과 같이 4차 산업혁명 시대, 팬데믹 시대에는 세상이 급격하게 변하기 때문에 장기간 전망이 어려울 수 있다. 하지만 먼 미래를 내다보고 자기 자신과 외부 상황에 대해 끊임없이 공부하면서 장기적인 목표를 세우는 사람들은 이런 급격한 변화 속에서도 자기만의 길을 만들어나갈 수 있다. 경영학의 아버지 피터 드러커는 "미래를 예측할 수 있는 유일한 방법은 스스로 미래를 창조하는 것"이라고 말했다.

19세에 세운 50년 계획을 모두 실현한 사람

- 20대에 업계에 이름을 올린다.
- 30대에 운전자금을 모은다.
- 40대에 한판승부로 큰 사업을 펼친다.
- 50대에 이 사업을 완성궤도에 올린다.
- 60대에 차기 경영진에게 바통을 넘긴다.

소프트뱅크 손정의 회장이 만 19세에 세운 인생 50년 계획이다. 그는 미국 유학 당시 잡지에 실린 컴퓨터 직접회로를 보고 '앞으로는 컴퓨터 정보통신이 세상을 바꿀 것'이라고 확신한다. 그 믿음은 지금도 변하지 않았으며, 소프트뱅크의 기업이념인 '정보혁명을 통해 사람들을 행복하게' 속에 녹아들어 있다. 이 시기에 그는 인생을 10년 단위로 나눠 50년 계획을 세웠으며, 놀랍게도 모든 목표와 계획을 실현시켰다.

대학 시절에 전자번역기 아이디어를 샤프에 매각해 사업자금을 조달한 뒤, 24세에 일본으로 돌아와 일본 후쿠오카에서 소프트뱅크를 설립했다. 소프트웨어 유통업으로 성공가도를 달리면서 36세에는 주식공개로 자금을 모았으며, 미국야후와 공동 출자로 일본야후를 설립, 인터넷 사업에서 성공을 거뒀다.

40세에는 소프트뱅크를 도쿄증권거래소 1부에 상장시키고, 브로드밴드 사업체인 야후BB를 설립했다. 48세에 일본 보다폰을 인수해 소프트뱅크를 일본 3대 이동통신 회사로 성장시켰다. 50세에는 아이폰의 일본 판매 계약을 체결하고, 55세에 미국 스프린트사를 매수했다. 58세에는 영국 ARM사를 사들였으며 알리바바, 쿠팡, 우버 등 세계 각국의 정보통신 유니콘 기업들에 투자하는 비전펀드를 운영하고 있다. 그리고 60세가 넘은 지금 '300년 계속 기업'을 실현시키기 위해 차기 경영진 찾기에 한창이다.

사람은 누구나 자신의 인생에 대해 이상적인 모습을 그린다. 어떤 사람들은 어렴풋이 이미지만 그리지만, 어떤 사람들은 보다 명확하고 구체적인 그림을 그린다. 원하는 방향으로 삶을 이끌어가고 싶다면, 인생을 장기적으로 설계해야 한다. 물론 삶이 계획한 대로 살아지지는 않겠지만, 구체적 설계도가 인생을 만들어나가는 길에서 중요한 나침반 역할을 해줄 것이다.

인생의 목표와 계획은 바늘과 실 같다. 목표에 따라 계획이 만들어지고, 그로 인해 운명이 달라질 수 있다. 당신의 최종 목표는 무엇인가? 당신은 그 목표를 이루기 위해 몇 년까지 계획을 세우고 있는가?

목표달성 확률을
10배 이상 높이는 방법

목표를 설정할 때는 다음 5가지 질문에 답할 수 있어야 한다. 이 질문들이 당신의 목표를 좀 더 구체적이고 현실적이며 실현 가능하도록 만들어줄 것이다.

1. 당신의 목표는 구체적인가? Specific

2018년 미국의 통계분석기관 스터티스틱 브레인Statistic Brain에서 발표한 〈새해 결심에 대한 통계〉New Years Resolution Statistics에 따르면, 구체

1. 당신의 목표는 구체적인가?

    ☐ 예   ☐ 아니오

2. 당신의 목표는 측정이 가능한가?

    ☐ 예   ☐ 아니오

3. 당신의 목표는 행동이 가능한 목표인가?

    ☐ 예   ☐ 아니오

4. 당신의 목표는 현실적이고 타당한가?

    ☐ 예   ☐ 아니오

5. 당신의 목표에는 마감기한이 있는가?

    ☐ 예   ☐ 아니오

적이고 명시적으로 목표를 작성한 사람은 목표를 달성할 확률이 10배 이상 높다고 한다. 그렇다면 목표를 어떻게 구체화할 수 있을까? 다음 6W 기준을 활용해 생각을 정리해보자. 목표가 즉시 구체화될 것이다.

[X] 나는 유튜브로 성공할 것이다.

[O] 나는 유튜브 크리에이터로 성공하기 위해 한 달 안에 10분짜리 영상을 주 2회 총 8편 업로드함으로써, 100명의 구독자를 만들고 채널을 성장시킬 것이다.

Who   누구의 목표이며, 누가 하는가?   나는

What	무엇을 달성하고자 하는가?	유튜브 크리에이터로 성공하기 위해
Where	어디서 달성하려고 하는가?	내 유튜브 채널에서
When	목표달성에 필요한 시간은?	한 달 안에
Which	목표달성에 필요한 조건과 제약은?	10분짜리 영상을 주 2회씩 총 8편 업로드했을 때
Why	목표달성 이유와 목적은? 나에게 주어지는 보상은?	100명의 유튜브 구독자가 생기며, 채널이 성장할 것이다.

2. 당신의 목표는 측정 가능한가? Measurable

"측정할 수 없다면 관리할 수 없다"는 피터 드러커의 말처럼, 목표를 제대로 관리하려면 수시로 측정할 수 있는 기준이 있어야 한다. 그래야 처음보다 얼마나 성장했는지 비교할 수 있기 때문이다. 목표를 측정하는 기준으로는 수량, 횟수, 기간 등이 있으며 이를 통해 목표를 수정, 보완, 유지할 수 있다.

[X] 살을 뺄 것이다.
[O] 1개월에 1킬로그램씩 빼서 5개월 후에는 5킬로그램을 감량한다.

3. 당신의 목표는 행동으로 옮길 수 있는가?Action-oriented

목표를 세울 때는 목표달성까지 어떤 과정을 거쳐야 하는지 생각해봐
야 한다. 대부분의 일은 7스텝 내외로 정리할 수 있는데, 되도록 5스텝
이상으로 나눠야 진행 과정이 구체적으로 보인다.

> [X] 유튜브를 할 것이다.
> [O] 1스텝: 유튜브 채널을 만든다. 2스텝: 콘텐츠를 기획한다. 3스
> 텝: 대본을 만든다. 4스텝: 영상을 촬영한다. 5스텝: 프리미어
> 프로로 영상을 편집한다. 6스텝: 섬네일을 디자인한다. 7스텝:
> 업로드한다.

4. 당신의 목표는 현실적이고 타당한가?Realistic

실현 불가능한 목표는 꿈에 불과하다. 현재 나의 능력, 지식, 체력, 쓸
수 있는 시간 등을 모두 고려해서 달성 가능한 목표를 세워야 한다. 그
리고 목표를 실현하기 위해서는 목표를 아주 작게 쪼개서 하나씩 달성
하는 게 중요하다. 수십 년간 '스몰 스텝 전략'을 임상으로 증명한
UCLA 의과대학의 로버트 마우어Robert Maurer 교수는 이렇게 말했다.
"우리 뇌는 변화를 무척이나 싫어한다. 뇌의 입장에서 환경이나 상황
이 변하는 것은 생존이 위협받는다는 신호이기 때문이다. 이런 까닭에

변화가 과격할수록 뇌의 저항 또한 강렬하고 격렬해진다. 그래서 우리는 변화를 위해 뇌를 속일 필요가 있다."

그렇다면 어떻게 해야 뇌를 속일 수 있을까? 뇌가 변화를 인지하지 못할 정도로 아주 가볍고 작게 시작하는 것이다. 목표를 이루고 싶다면 이렇게 질문을 해보자. "목표에 도달하기 위해 지금 당장 내가 할 수 있는 작은 행동은 무엇일까?"

[X] 대한민국 최고의 강사가 될 것이다.
[O] 3일 뒤에 있는 강연의 콘텐츠를 철저하게 준비해서 청중들이 만족할 수 있도록 할 것이다.

[X] 바디프로필을 찍을 것이다.
[O] 오늘 점심에 샐러드를 먹고, 30분 동안 걷고, 집에서 스쿼트를 30회 할 것이다. (점차 식단관리를 더 하고, 운동시간과 횟수를 늘려간다.)

5. 당신의 목표에는 마감기한이 있는가? Time-bound

'언젠가 할(될) 것이다'라는 막연함에 빠져 목표에 마감기한을 정해두지 않으면 달성 가능성이 희박해진다. 언제까지 할 것인지, 기한을 명확히 정해두면 노르아드레날린이 분비되어 주의력과 집중력이 극대화된다. 그로 인해 자기 능력 이상의 힘을 발휘해 좋은 성과를 내는 경우가 많다. 시험기간의 '벼락치기'가 대표적인 예라고 할 수 있다.

따라서 목표를 세울 때는 월 단위, 주 단위, 일 단위로 쪼개서 해당 기간에 어느 정도 성과가 나기를 원하는지 구체적으로 적는 게 좋다.

[X] 언젠가 네이버 스마트스토어에 도전할 것이다.

[O] 이번 달에는 네이버 스마트스토어에 관한 온라인 수업을 매일 30분씩 듣고, 다음 달부터 본격적으로 운영을 시작해 한 달 안에 10만 원을 벌어보겠다.

목표를 SMART하게 설정하는 방법

지금까지 5가지 질문을 던지면서 목표를 구체화하는 방법을 살펴보았다. 이 질문들은 피터 드러커가 1954년《경영의 실제》The Practice of Management에서 소개한 후 70년 동안 검증된 것으로, 그 유명한 SMART 목표설정 기법이다. 이 기법의 핵심 포인트는 목표로 향하는 과정에서 '방향키'를 점검하는 방법을 제시한다는 점이다. 우리는 목표를 이루기 위해서 열심히 달려가다가 생각한 만큼 성과가 나지 않아 좌절하거나, 방향이 잘못되었다는 것을 뒤늦게 알고 당황하는 경우가 많다. 이때 SMART 목표설정 기법을 활용하면 지금 내가 잘하고 있는지, 혹시 잘못된 방향으로 가고 있는 건 아닌지 점검해볼 수 있다.

● SMART 목표설정

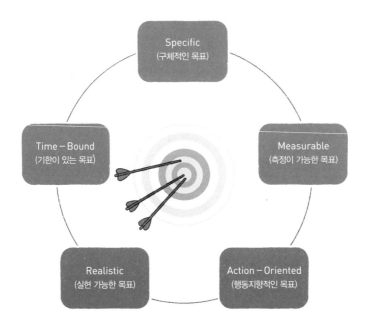

만다라트로 균형 잡힌
라이프스타일 만들기

당신은 어떤 인생을 살고 싶은가? 당신이 꿈꾸는 미래는 어떤 모습인가? 지금부터 '인생 설계'life planning 만다라트를 만들어보자. 원하는 삶을 살아가기 위해 인생 과정 전체를 계획해보는 것이다.

인생 설계를 하면 어떤 점이 좋을까? 먼저 삶의 우선순위가 명확해진다. 삶의 전체 영역을 두루 살펴보며 무엇이 중요한지 생각해볼 수 있고, 한정된 자원과 에너지를 어떻게 활용할지 전략적으로 계획을 세우게 된다. 특히 만다라트를 활용해 인생을 설계하면 균형감 있게 생각을 정리할 수 있는데, 이를 위해서는 주요 토픽 8칸에 인생의 어떤 키워드를 적을지 진지하게 고민해봐야 한다.

① 건강	② 재무	③ 가족/사회관계
⑧ 여가/영적활동	*인생 설계* *만다라트*	④ 주거
⑦ 사회참여/봉사	⑥ 학습/자기계발	⑤ 직업/경력

서울대학교 최성재 교수는《생애 설계와 시간관리》에서 인생의 주
요 영역을 8가지로 구분했다.

인생의 주요 영역 8가지

① 건강: 건강증진, 영양관리, 신체검사, 질병 예방 및 치료 관련
활동, 운동 및 스포츠 활동 등

② 재무: 7~8대 생활영역의 목표달성을 위한 필요 비용(목표지출)
확보(목표소득) 방안 및 지출 관리 등

③ 가족/사회관계: 부모관계, 부부관계, 자녀관계, 친척관계, 친구
관계, 동료관계 등

④ 주거: 주택 임대차, 구입, 관리, 건축, 구조개선, 실내안전, 주거 지역/환경, 가족과의 동거/별거, 주택 자산화 등

⑤ 직업/경력: 적성/재능에 맞는 직업활동 선택과 발전, 직업활동 등과 연계된 사회참여/사회공헌 활동을 위한 다양한 경력

⑥ 학습/자기계발: 직업활동, 사회참여활동에 필요한 전문성과 능력 향상을 위한 학습 및 훈련활동, 교양증진 활동 등

⑦ 사회참여/봉사: 국가 및 지역사회의 발전을 위한 시민사회 참여, 사회봉사를 위한 제반 활동, 기부 등

⑧ 여가/영적활동: 여가, 휴식, 취미/특기활동의 개발과 참여, 영성개발과 성장을 위한 종교활동 등

인생을 설계할 때는 생활의 각 영역별로 하나씩 핵심키워드를 생각해보는 게 좋다. 개인에 따라 8개 영역 중 일부만 선택해도 되고, 영역을 추가하거나 생략해도 좋다. 한 영역당 3~4분씩 정리하면 30분 정도에 완성할 수 있을 것이다. 다음의 체크리스트를 참고해 인생 설계 만다라트를 그려보자.

만다라트를 그리다 보면 생각이 막혀서 빈칸에 무엇을 적어야 할지 모를 때가 있다. 그럴 때는 질문을 던져보는 게 도움이 된다. 예를 들어 '건강'에 대해 생각하던 중 생각이 막혔다고 해보자. '주어, 육하원칙, 동사' 순으로 건강이라는 주제와 관련해 자신에게 질문하고 그 답을 떠올려보는 것이다.

운동은(주어) 어디에서(육하원칙) 할까?(동사)

운동은(주어) 언제부터(육하원칙) 시작할까?(동사)

이렇게 질문을 만들었다면, 이제 답만 하면 된다. 질문하고 답하는 과정을 통해 자연스럽게 브레인스토밍이 되면서 막혔던 생각이 풀린다. '운동을 어디에서 할까?'라는 질문에 '집에서 한다', '헬스장에 간다', '공원에서 한다' 등 다양한 답이 나올 수 있다.

'운동은 언제부터 시작할까?'라고 질문을 던지면 지금 당장, 내일부터, 일주일 뒤 등등 질문에 대한 여러 가지 답을 떠올릴 수 있다. 생각이 막히는 이유는 질문이 막혀서다. 질문이 막히면 생각 문이 막힌다. 만다라트를 그릴 때 생각 문이 막힌다면 질문을 던지자.

☑ 건강: 건강은 생존과 모든 활동의 기본 요건이다. 건강을 잃으면 모든 것을 잃는다. 건강을 지키기 위해 어떤 실천계획을 세울 것인가?

☑ 재무: 돈은 모든 생활영역의 기본 토대다. 돈이 없으면 삶이 불편해진다. 어떻게 하면 돈을 벌고 불리고 관리할 수 있을까?

☑ 가족/사회관계: 사람은 가족 안에서 태어나 다양한 사람들과 어울려 함께 살아간다. 좋은 관계를 어떻게 유지할 수 있을까?

☑ 주거: 적절한 주거는 생활을 안전하고 안락하게 담는 그릇이다. 어떤 공간에서 어떻게 살아가면 좋을까?

☑ 직업/경력: 일과 활동은 정체성과 자존감의 상징이자 가장 기

● 복주환의 인생 설계 만다라트

전문성 확보를 위해 계속해서 노력함	온라인 자체 홈페이지 운영	은퇴할 때까지 영향력 있는 강사		인문학/철학/예술공부	펜글씨/판서 연습	해외 강연을 위해 영어공부		주 4-5회 헬스	매일 산책	채식 위주의 식사
영어로 해외에서 강연	직업 경력	글로벌 생각정리 전문가로 성장		생각정리 연구 석/박사 취득	학습 자기계발	뇌과학 공부		뇌 건강 유지	전강	얼굴 마사지 피부 관리
100만 유튜브 크리에이터	꾸준히 방송 활동	종합 베스트셀러		교육학/교육공학공부	비주얼 씽킹 마스터	경영 전략 마스터		정기적으로 건강 검진	스트레스 관리	충분한 휴식

부모님 자주 만나기	행복한 결혼 생활	친척에게 자주 연락드리기		직업 경력	학습 자기계발	전강		서울에 내 집 마련	앞마당에 잔디밭이 있음	감나무와 소나무가 있음
스승님의 은혜를 잊지 않기	가족 사회관계	친구들과 자주 만나기		가족 사회관계	인생 설계 만다라트	주거		마당에 파라솔 설치	주거	2~3층 단독 주택
업계 사람들과 좋은 관계 유지하기	힘든 후배들 도와주기	고객분들에게 좋은 가치를 전하기		사회참여 봉사	여가 영적활동	재무		부모님을 위한 게스트 공간	옥상에 루프탑 설치	미니멀한 공간

환경단체 가입 및 운동 참여	소외 계층을 위한 재능 기부 강연	미니멀리즘을 추구하며 소비 줄이기		부모님과 함께 여행하기	주 1회는 일 하지 않기	미술관, 박물관 관람하기		재무영역 공부 및 실천	투자공부 및 적절한 투자	파이프라인 구축
청소년 멘토링	사회참여 봉사	청년 멘토링		창의성을 위해 색다른 카페 가기	여가 영적활동	콘서트, 뮤지컬, 영화 보기		트렌디한 교육에 관심이 많은 사람들	재무	학습 자기계발 비용 마련
군인들을 위한 특강 진행	한 부모 가정 자녀들을 위한 특강	가급적 채식을 먹기		국내 여행하기	해외 여행하기	등산하기		불필요한 소비 줄이기	학자금 전액 상환	부모님 용돈 드리기

본적이고 중심적인 삶의 영역이다. 어디에서 일을 하고 어떤
커리어를 쌓아나가면 좋을까?

☑ 학습/자기계발: 배움이 있어야 성장이 있다. 지속적으로 성장

하기 위해 어떤 학습과 자기계발을 하면 좋을까?

- ☑ 사회참여/봉사: 지역사회 및 국가의 일원으로서 세상의 발전을 위해 내가 할 수 있는 일은 무엇일까?
- ☑ 여가/영적활동: 삶의 의미를 더해주고 에너지를 충전할 수 있는 활동으로 무엇을 얼마나 할 것인가?

종이 1장으로 20킬로그램 다이어트에 성공하다

내가 다이어트를 결심한 건 생각정리스킬 콘텐츠에 부합하는 이미지를 만들기 위해서였다. 2017년 《생각정리스킬》을 출간했을 무렵 체중이 무려 20킬로그램이나 증가한 상황이었는데, 그렇게 자기관리가 안 된 모습이 내가 쓴 책의 내용과 어울리지 않는다고 생각했다.

책을 쓰기 전만 해도 정상적인 체중을 유지했는데 원고를 쓰기 시작하면서 갑자기 체중이 불어나버렸다. 첫 책이라는 부담감, 바쁜 일상 속에서 원고 마감기한을 지켜야 한다는 중압감이 컸다. 스트레스가 쌓이다 보니 자주 야식을 하게 되었고, 그에 비해서 운동량은 매우 부족했다. 방심한 사이 20킬로그램이나 불어버렸고, 거울을 보기가 무서워졌다.

출간 이후 혼자서 운동을 해봤지만 제자리였고, 조금 감량이 돼도 금세 요요가 왔다. 어떻게 하면 좋을까 고민하다가 전문가와 함께 운동을 하기로 결심하고, 지인에게 트레이너를 소개받았다.

생각만 해서 뭐 하나, 행동이 중요하지

별명이 '호랑이 기운 근육 저승사자'인 그와 함께 300일의 대장정이 시작됐다. '생각파'였던 나와 달리 엄청난 '행동파'인 그는 일단 운동할 때 횟수를 세지 않았다.

정확한 자세를 보여주고 설명은 길게 하지 않는다. 바른 자세로 운동을 하고 있는지 뒤에서 말없이 지켜본다. 힘들어 자세가 무너질 것 같으면 그때 자세를 다시 잡아준다. 그래도 못하면 멈춘다. 잠깐 쉬고 무게를 올려 같은 동작을 반복한다. 운동을 하고 나면 힘이 들어서 좀 쉬고 싶은데, 그가 무섭게 웃으며 한마디 한다. "다시!" 그는 힘들다는 생각조차 하지 못할 정도로 운동에 집중시켰다.

그날 해야 할 운동을 마치고 다음 일정을 잡을 때면 생각이 많아졌다. 그와 함께 운동할 수 있는 시간은 대부분 이른 아침이었기 때문이다. 집에서 헬스장까지 꽤 멀어 새벽부터 준비를 해야 했다. 오후에는 업무가 있으니 저녁 늦게 운동을 해야 하나, 이런 고민을 하고 있으면 그가 또 웃으며 말한다.

"너무 깊게 생각하지 마시고, 그냥 아침에 바로 오시죠!"

행동파 트레이너를 만나기 전에는 내 머릿속에 생각과 계획이 너무 많아서 행동으로 즉시 옮기지 못했던 적이 많았다. 운동을 시작하려고 하면 오늘 운동을 하지 말아야 할 10가지 이유가 떠오르곤 했다. 운동에 대한 정보와 지식은 많아졌는데, 정작 운동은 하지 않았다.

그런데 그를 만난 뒤로 한 가지 습관이 생겼다. 생각은 줄이고 행동을 더 많이 하게 됐다! 운동을 하기로 했으면 생각은 접고 운동을 하러 간다. 어떤 핑계도 허용하지 않는다. 운동을 할 때는 오직 운동에만 집중한다. 상체 근육운동을 하고 나면 하체 운동은 하고 싶지 않다. 힘이 드니까 생각이 많아진다. 그럴 때 생각을 멈추고 '앉았다 일어나기'를 일단 한 번이라도 해본다. 신기하게 한 번을 해내고 나면 열 번을 채우고 싶어지고, 결국 100번까지 하게 된다. 행동이 또 다른 행동을 낳는 것이다.

그렇게 최선을 다해 300일을 실천한 끝에 결국 목표를 이뤘다. 20킬로그램을 감량했고, 평생의 꿈이었던 바디프로필도 멋지게 촬영했다. 내가 다이어트에 성공한 이유는 간단하다. 생각을 행동으로 옮겼기 때문이다.

목표를 이뤄가는 과정에는 오만가지 생각이 든다. 가끔은 포기하고 싶은 마음이 들고, '나는 할 수 없다'는 부정적인 생각에 사로잡히기도 한다. 나 역시 하필 가장 무더웠던 6월에 운동을 시작했기 때문에 무엇보다도 강한 의지가 필요했다. 부정적인 생각이 들 때면 행동에 더욱 몰입했고, 행동을 하면 자연스럽게 생각이 멈췄다.

생각은 행동으로 이어져야 한다

나를 이끌어주는 트레이너가 있어도 결국 목표를 이루는 건 나 자신이다. 당시 헬스장에서 다이어트에 함께 도전했던 사람 중 300일 뒤 몸을 만든 사람은 많지 않았다. 중간에 포기한 여러 가지 이유가 있겠지만, 만약 의지가 부족했다면 목표와 계획을 잘못 세운 탓일 수 있다.

'다이어트와 바디프로필 촬영'이라는 목표가 생기고 나서 내가 가장 먼저 한 일은 목표를 문장화하는 것이었다. '300일 동안 체중을 20킬로그램 감량하고 몸을 만들어 바디프로필을 촬영한다!' 분명한 목표를 세우고 나서, 이를 구체화하기 위해 만다라트를 그렸다. 주요 토픽에 무엇을 쓰면 좋을까 고민하면서 다이어트 전문가들의 칼럼이나 책을 찾아 읽었다. 그런 자료들을 통해 운동법, 홈트레이닝, 다이어트 식단 등 다양한 정보와 노하우를 배울 수 있었다. 또 운동계획표와 운동일지를 매일 썼다. 다이어트를 왜 해야 하는지, 목표는 무엇인지, 어떻게 해야 하는지 등을 운동일지에 기록하면서 욕망을 구체화했다. 포기하고 싶어지면 일지에 기록된 과정을 보며 마음을 다잡았다.

우리가 생각을 잘 정리해야 하는 이유는 행동을 잘하기 위해서다. 생각 없이 무작정 행동부터 하면, 엉뚱한 방향에 에너지를 쓰기 쉽고, 그러면 원하는 결과를 얻기 어렵다. 그리고 생각정리를 잘했으면 행동을 통해 목표를 이뤄나가야 한다. 생각만 하고 행동으로 옮기지 않으면, 역시 원하는 결과를 얻을 수 없다. 생각하고 행동하는 것, 그것만이 목표를 이루는 방법임을 기억하기 바란다.

● 복주환의 다이어트&바디프로필 만다라트

스트레칭	팔운동	어깨운동
하체운동	헬스	가슴운동
코어운동	복근운동	등운동

점심시간 15분 걷기	30분 달리기	복싱 다이어트
줄넘기	유산소 운동	주 2회 발레
청소하며 움직이기	엘리베이터 대신 계단 이용	자전거 타기

고 단백질 저 지방	간식 자제하기	바디프로필 촬영 전 일반식 줄이기
칼슘, 비타민 섭취	식단	계란 섭취
야식 금지	꼭꼭 씹어 먹기	물 자주 마시기

6월 운동 시작	7월 3kg 감량	8월 5kg 감량
300일 뒤 바디프로필	계획	9월 방송 준비
12월 근육운동	11월 PT 시작	10월 10kg 감량

헬스	유산소 운동	식단
계획	20kg 다이어트 바디프로필	이미지 컨설팅
목표	롤 모델	동기부여

스타일리스트	헤어 디자이너	퍼스널 컬러
바디프로필 의상 선정	이미지 컨설팅	염색&펌
스마트하고 세련된 이미지	지적인 이미지	컨설팅 일정 잡기

잡지 〈맨즈헬스〉 느낌으로 촬영	바디프로필	몇 kg 감량? 20kg
건강하고 균형감 있는 몸 만들기	목표	평생운동 습관 만들기
건강한 식습관 만들기	지방 줄이고 근육 키우기	옷 태 살리기

근육질 몸매	잡지 〈맨즈헬스〉 표지 모델들	균형 잡힌 몸매
군더더기 없는 몸매	롤 모델	복근
연예인 김종국	OOO 트레이너님	운동 지식이 풍부한 사람

운동 관련 논문 보기	유튜브에서 운동 관련 영상 시청하기	다이어트 관련 책 읽기
버킷리스트 작성하기	동기부여	헬스 잡지 구독하기
긍정적인 자기 암시하기	운동 기록하기	일기쓰기

업무 진행 상황을
한눈에 보는 간트차트

만다라트는 목표를 균형 있게 세우고 실천 방법을 빠르게 구체화할 수 있다는 장점이 있다. 하지만 다른 생각정리 툴들과 마찬가지로 몇 가지 단점도 있다.

첫째, 만다라트의 구조상 세부 토픽을 추가하는 데 한계가 있다. 만다라트는 가로와 세로 9칸씩 모두 81칸의 사각형을 채워나가는 방식이다. 물론 아이디어를 발상할 때 81칸은 그리 적은 개수가 아니지만, 내용이 점점 구체화되면 어느 순간 칸이 부족해지기도 한다.

둘째, 만다라트는 시간적 흐름으로 구성된 것이 아니기 때문에, 프로젝트의 진척 상황을 시각화해 관리할 수 없다. 만다라트는 가운데에서 바깥으로 퍼져나가는 방사형 구조로, 시간의 길이와 일의 양이 나타나지 않는다.

셋째, 담당자와 소요시간을 알 수 없다. 만다라트는 태스크task를 중심으로 내용이 채워진다. 즉, 처리 또는 해결해야 할 '과제'나 꼭 수행할 '과업' 위주다. 그런데 일을 구체적으로 진행하기 위해서는 담당자와 소요시간이라는 구성요소가 반드시 갖춰져 있어야 한다. 그래야 일이 흐지부지되지 않는다.

만다라트는 본래 아이디어를 발상하거나 큰 그림을 그릴 때 활용되는 툴이다. 세부 계획이나 진척 상황을 관리하고 싶을 때는 또 다른 프레임워크를 사용해 만다라트의 3가지 단점을 보완할 수 있다.

프로젝트 관리 툴, 간트차트

1919년 미국인 간트Gantt가 창안한 간트차트는 대표적인 프로젝트 관리 툴이다. 개인 작업에도 사용할 수 있지만, 프로젝트의 전체 상황을 한눈에 볼 수 있기 때문에 여러 사람이 진행 상황을 공유할 때 많이 활용된다.

간트차트는 3가지 영역으로 구분된다. 첫 번째는 태스크영역이고, 두 번째는 소요시간과 담당자영역, 세 번째는 진척 상황을 그래프로 시각화하는 영역이다. 먼저 첫 번째 영역에 해야 할 일을 분류해서 적는다. 두 번째 영역에는 목표에 도달할 시간을 역산해서 시작일과 완

● 간트차트 예시

프로젝트	세부 내용	담당자/협조	1월	2월	3월	4월	5월	6월	7월	8월	9월	10월	11월	12월
책 쓰기 프로젝트	1. 시장조사 및 주제선정	작가	■											
	2. 출간기획서 작성	작가		■										
	3. 목차/원고 작업(초고)	작가			■	■	■	■						
	4. 원고 투고 및 계약	작가/출판사							■					
	5. 원고 작업(탈고)	작가/출판사								■				
	6. 편집 및 디자인	작가/출판사									■			
	7. 출간 및 홍보	작가/출판사											■	■

프로젝트	세부 내용	담당자/협조	1월				2월				3월			
			1주	2주	3주	4주	1주	2주	3주	4주	1주	2주	3주	4주
홈페이지 제작 프로젝트	1. 시장 조사 및 분석	팀 전원	■											
	2. 기획서 작성	팀 전원			■									
	3. 업체 선정 및 의뢰	팀 전원				■								
	4. 플랫폼 개발	외주업체					■	■	■					
	5. 브랜드 디자인	디자이너							■					
	6. 콘텐츠 제작	크리에이터									■	■		
	7. SNS 마케팅 진행	팀원											■	■

료일을 기록한다. 그다음 태스크의 각 항목마다 누가 담당자인지 적는다. 세 번째 영역에는 태스크 실행 기간을 막대그래프로 표현한다. 시간 단위는 필요에 따라 일, 주, 월 중 선택해서 사용하면 된다.

프로젝트 일정표

프로젝트 추진 일정을 한눈에 파악하기 쉽도록 표 형태로 관리하는 프로젝트 일정표는 목적에 따라 일간, 주간, 월간, 연간 등 다양한 주기로 작성할 수 있다. 간트차트와 마찬가지로, 목표달성까지 걸리는 시간을 역산해서 일정에 맞게 시간과 할 일을 쪼갠다. 그리고 그에 맞춰 프로젝트를 진행해나가면서 활동 내역을 기록하면 된다.

사실 프로젝트마다 일정표를 만드는 일은 몹시 신경 쓰이는 일이다. 그래서 '그냥 하면 되지, 뭐 하러 귀찮게 매번 일정표를 만들어?'라고 생각할 수도 있다. 물론 간단한 일이나 일회성 과제, 단순한 업무 등은 별다른 계획이 필요하지 않을 수도 있다. 이런 일들은 오히려 빠르게 실행에 옮겨야 더 좋은 성과를 낸다.

하지만 중장기 프로젝트이거나 반드시 성과를 내야만 하는 프로젝트의 경우, 일정표 작성은 필수다. 복잡한 일을 일정표 없이 진행한다는 것은 밀림을 지도 없이 여행하는 것과 같다.

프로젝트 일정표는 어떻게 만들까? 프로젝트가 다양하듯 일정표 템플릿 종류도 다양하지만, 모든 프로젝트 일정표의 원리는 같다. 프로젝트 진척 상황이 한눈에 보이고 태스크, 소요시간, 담당자를 확인할 수 있어야 한다. 내가 실제로 활용하고 있는 다양한 템플릿을 참고해 당신에게 맞는 프로젝트 일정표를 직접 만들어보라.

● 프로젝트 일정표 예시: 복주환의 성장 프로젝트

〈다이어트&바디프로필 프로젝트〉

일자	일시	운동	운동내용	식단	체중
1	1/1 오전	80분	전신운동	일반식	80
2	1/2 저녁	50분	전신운동	일반식	80
3	1/3 오전	80분	가슴운동	일반식	80
4	1/4 저녁	50분	진신운동	일반식	79.5
5	1/5 저녁	60분	전신운동	일반식	79.3
6	1/6 오전	80분	등운동	일반식	79.1
7	1/7 저녁	50분	전신운동	외식	79
8	1/8 오전	60분	전신운동	일반식	79
9	1/9 오전	80분	하체운동	채식	79
10	1/10 저녁	60분	가슴운동	채식	79
11	1/11 저녁	80분	등운동	채식	78.7
12	1/12 오전	80분	팔운동	채식	78.5
13	1/13 저녁	80분	전신운동	일반식	78.5
14	1/14 저녁	70분	전신운동	채식	78.3
15	1/15 저녁	80분	가슴운동	채식	78.3
16	1/16 오전	80분	하체운동	채식	77
17	1/17 저녁	90분	등운동	채식	77
18	1/18 오전	90분	전신운동	일반식	77
19	1/19 오전	80분	전신운동	채식	76.8
20	1/20 오전	90분	가슴운동	채식	76.6

〈100권 독서 프로젝트〉

권수	장르	제목	저자	시작일	완료일
1	소설	그리스인 조르바	니코스 카잔차키스	1/1	O
2	인문	생각의 탄생	미셸 루트번스타인 외	1/5	O
3	인문	강의	신영복	1/7	O
4	역사	뜻으로 본 한국역사	함석헌	1/7	O
5	소설	어린 왕자	생텍쥐페리	1/10	O
6	에세이	월든	헨리 데이비드 소로	1/15	O
7	소설	죄와 벌	도스토옙스키	1/19	O
8	예술	서양 미술사	에른스트 곰브리치	1/23	X
9	소설	책상은 책상이다	페터 빅셀	1/25	O
10	에세이	달리기와 존재하기	조지 쉬언	1/30	O
11	소설	상실의 시대	무라카미 하루키	2/6	O
12	자기계발	아주 작은 습관의 힘	제임스 클리어	2/10	O
13	성공학	정상에서 만납시다	지그 지글러	2/13	O
14	성공학	성공하는 사람들의 7가지 습관	스티븐 코비	2/16	O
15	인문	오리지널스	애덤 그랜트	2/20	O
16	교육학	교육과 뇌과학	Kathleen Scalise	2/25	O
17	인문	다산선생 지식경영법	정민	2/28	O
18	소설	1984	조지 오웰	3/1	O
19	철학	침묵의 세계	막스 피카르트	3/5	O
20	예술	한국의 미 특강	오주석	3/7	X

〈매일 신언서판 프로젝트〉

일시 \ 내용	1일	2일	3일	4일	5일	6일	7일	8일	9일	10일	11일	12일	13일	14일	15일	16일	17일	18일	19일	20일
신 운동하기	가슴이두	등이두	어깨	하체	전신	등산	가슴이두	등삼두	어깨	하체	전신	휴식	가슴이두	등삼두	어깨	하체	휴식	전신	전신	등산
언 독서하기	O	O	O	O	O	O	O	O	O	O	O	O	O	O	X	O	O	O	O	O
서 글쓰기	O	O	O	O	O	X	O	O	O	O	O	O	O	O	O	O	O	O	O	X
판 일기쓰기	O	O	O	X	O	O	O	O	O	O	O	O	O	O	X	O	O	O	O	O

목표에 들어가서 살면
결국 이뤄진다

한 번이 아니라 지속적으로 성공하는 사람들은 어떤 특징이 있을까? 그들의 남다른 점은 무엇일까? 아널드 슈워제네거Arnold Schwarzenegger 는 미국의 영화배우 겸 바디빌더이며 정치인이다. 그는 인생을 살면서 자신이 목표한 바를 모두 이룬 대표적인 사람이다.

　한국에서는 영화배우로 더 잘 알려져 있지만, 사실 그는 바디빌딩 선수로 활약하던 시절에도 그랬고, 은퇴한 지 수십 년이 지난 오늘날에도 역사상 최고의 바디빌더 중 한 명으로 꼽힌다. 청소년 시절 그가 사람들에게 '세계 최고의 바디빌더가 되겠다'는 목표를 밝혔을 때 주변 반응은 꽤나 시큰둥했다고 한다. 하지만 그는 열세 차례나 세계 바디빌딩 챔피언이 되었으며, 미스터 올림피아에서도 8승을 거두는 등 결과로 자신을 증명해 보였다.

그는 곧 새로운 도전을 꿈꿨다. '할리우드 배우가 되겠다'는 목표를 세우고, 10년의 노력 끝에 대표작 〈터미네이터〉 외에도 많은 액션영화를 초대박 히트시킨 슈퍼 액션스타가 되었다. 이후 그는 정계까지 진출했다. 2003년 전 세계에서 여덟 번째로 큰 경제규모와 4,000만 명의 인구를 가진 캘리포니아 주지사가 되어 7년간 정치인으로 활동하면서 아메리칸 드림의 상징적인 인물이 되었다.

한번 목표를 달성해본 사람은 또다시 더 큰 목표를 세우고 이뤄나간다. 이는 우리의 뇌 작용 때문이다. 신경전달물질 도파민은 목표를 계획하고 달성할 때 행복감과 의욕을 갖게 해준다.

"먼저 해야 할 일은 미래에 되고 싶은 모습을 그려보는 것이다. 그다음 마치 그것이 이루어진 것처럼 그 그림 속에 들어가서 사는 것이다."

이는 아널드 슈워제네거의 말이다. 여기서 포인트는 무엇일까? 이미 이루어진 것처럼 생각하는 것이다. 미래의 모습을 상상하고 스스로 그 모습을 진심으로 믿기 시작하면, 그것은 자신의 존재 일부가 된다. 잠재의식 속에 그 모습이 각인되기 때문이다.

나는 어렸을 때부터 되고 싶은 것도, 하고 싶은 일도 많았다. 디자이너, 연극·영화배우, 뮤지컬배우, 가수, 방송 MC, 강사, 베스트셀러 작가…. 아버지의 사업 부도로 고등학교 시절부터 경제 상황이 좋지 않았지만, 마음속에는 언젠가 내 꿈을 이루겠다는 목표의식이 있었다. 당장 실현되지 않더라도 언젠가 이루어질 모습을 생각하면 가슴이 두

근거리고 의욕이 샘솟았다.

그때부터 목표를 어딘가에 적어두는 것을 좋아했다. 꿈을 잊고 싶지 않았기 때문이다. 종이에 적어 지갑에 가지고 다니거나, 일기장 맨 앞 페이지에 평생의 목표와 한 해 동안 이루고 싶은 것들을 적어두기도 했다. 때로는 침대 옆 벽에 목표를 적어두고, 핸드폰 비밀번호를 목표 하는 숫자로 정하기도 했다. 최근에는 만다라트를 작성해 책상 또는 냉장고에 붙여두거나 스마트폰 바탕화면으로 띄워둔다. 이렇게 눈에 잘 보이는 곳에 만다라트를 두게 되면 그것을 볼 때마다 목표와 계획 을 상기할 수 있다. 목표를 기록하고 반복해서 눈으로 보며 확인하다 보면 절대로 잊어버리지 않는 상태가 된다. 뇌에서 장기 기억화되는 것이다.

우리는 하루에도 엄청난 양의 정보를 머릿속에 입력한다. 만약 그 정보들을 모두 기억해야 한다면 우리 뇌는 순식간에 과부하 상태가 되 고 말 것이다. 그래서 우리 뇌는 입력된 정보의 대부분을 기억하지 못 하도록 만들어졌다. 뇌가 중요한 정보라고 판단하는 것이 아니면 모두 자연스럽게 지워진다. 더 잘 기억하기 위해 망각하는 것이다.

그렇다면 뇌가 중요한 정보라고 판단하는 기준은 무엇일까? 1~2번 이 아니라 3번 이상 이용되는 정보다. 머릿속에 들어오는 정보를 보존 하는 영역은 뇌의 '해마'로, 단기 기억을 맡는다. 입력된 정보를 1~2주 만 가보존한다. 그 기간에 3번 이상 입력되면 '중요한 정보'라고 인식 한다. 그러다가 측두엽에 들어가면 장기 기억, 즉 잊기 힘든 정보가 되 어 장기적으로 보존된다. 각종 뇌과학 연구를 보면, 맨 처음 기록한 날부터 7~10일 내에 3~4회 이상 보면 완전히 기억에 남는다고 한다. 기록하고 눈으로 반복해서 보는 과정 중에 '기억의 금고'라고 불리는 측두엽으로 이동되기 때문이다.

그런데 우리가 지금 기억하려고 하는 것은 단순한 지식이나 정보가 아니다. 바로 우리가 이뤄야 할 꿈과 목표다. 당신의 미래다. 이보다 더 중요한 정보가 있을까?

08

SNS에 적기만 해도
이뤄지는 놀라운 일들

만다라트로 목표를 세웠다면 이제 세상에 당신의 목표를 공개할 차례다. 왜 목표를 공개해야 할까? 주변 사람들에게 당신의 목표를 알리면, 당신이 목표를 달성할 확률이 더 높아지기 때문이다. 대부분의 사람은 다른 사람에게 무언가를 포기하거나 실패하는 모습을 보이고 싶어 하지 않는 심리가 있다.

심리학자 스티븐 헤이스Steven C. Hayes는 대학생들을 세 집단으로 나눠, 목표 공개에 따른 성적의 변화를 실험했다. 첫 번째 집단은 자기가 받고자 목표한 점수를 다른 학생들에게 공개하도록 했다. 두 번째 집단은 목표 점수를 마음속으로만 생각하게 했고, 세 번째 집단은 목표

점수에 대해 어떤 요청도 하지 않았다.

실험 결과, 자신의 목표 점수를 공개한 집단이 다른 두 집단보다 현저히 높은 점수를 받았다. 사람들은 자신의 생각이나 목표를 타인에게 공개하면 그것을 끝까지 지키고자 노력하는 경향이 있는데, 이를 '공개선언 효과'public commitment effect 라고 한다.

목표를 공개하면 달성 확률이 높아질 뿐만 아니라 생각하지도 않았던 새로운 기회가 창출되기도 한다. N잡러 조규림 님은 인스타그램에 N잡러 라이프를 연재하면서 자신의 목표와 꿈을 세상에 알렸다. N잡러로서 살아가는 그녀의 일상은, 최근 코로나로 인해 불안한 시국에 새롭게 N잡에 도전하고자 하는 사람들에게 큰 도움이 되었다. 처음 그녀의 인스타그램 속 음식 사진들에는 '좋아요'가 7개뿐이었다. 하지만 자신의 목표와 스토리를 밝히기 시작하면서 '다음 글은 언제 올라오느냐'고 묻는 독자들이 생겨났다. '좋아요'도 900개 가까이 달린다. 이제 그녀는 인스타그램 인플루언서가 되었고, 연예인만 받는 줄 알았던 협찬 DM도 많이 받고 있다.

무엇보다도 대규모 온라인 강연의 기회가 주어졌다. 국내 최대 규모의 교육컨설팅 회사 중 한 곳인 휴넷에서 '인디펜던트워커 라이브 클래스'의 연사 중 한 명으로 그녀를 초청한 것이다. 함께 초청된 연사들은 모두 10만 유튜브 크리에이터, 넷플릭스 인기 애니메이션 제작회사 대표 등 업계 톱클래스들이었다. 그녀는 '회사 밖 생존 브랜딩, N잡으로 월 1천 벌기'라는 주제로 온라인 강연을 잘 마쳤다.

강연 후 교육담당자에게 자신을 어떻게 알았느냐고 묻자 이렇게 대답했다고 한다. "저희가 회의를 하는데요, N잡러 조규림 님에 대해서 팀원들 대부분이 많이 알고 계시더라고요. 페이스북, 인스타그램에서 많이 봤다고… 그래서 섭외하게 되었어요!" 그러면서 출판 편집자를 소개해주었다. 자신의 일상과 목표를 SNS에 올리기만 했을 뿐인데, 이렇게 기적 같은 일들이 일어난 것이다.

유튜브 크리에이터 '경돼' 님은 이전부터 인바디Inbody라는 회사의 마케팅팀에 들어가고 싶어 했다. ('경돼'는 경희대학교 근육돼지라는 자신의 별명을 줄여서 만든 채널 이름이다.) 하지만 전공이 생물학과라서 마케터로 취업하기가 쉽지 않았다. 그는 평소 아마추어 유도대회에 출전하거나 헬스하는 모습을 유튜브에 자주 업로드했다. 인바디 취업설명회에 가는 모습을 유튜브에 남겼다. 자신의 목표를 공개적으로 선언한 것이다. 그 결과 어떻게 되었을까? 그는 면접에서 자신의 유튜브 채널에 올린 영상들을 바탕으로 자신을 홍보할 수 있었고, 결국 목표했던 인바디 마케터로 최종 합격했다. 지금은 입사 3년차 마케터로서 인바디의 유튜브 채널을 운영하면서 자신이 원했던 삶을 살아가고 있다.

"유도 좋아하는 생물학과 대학생이 미디어영상을 공부해서 홍보담당자가 될지 누가 알았겠어요? 일단 목표를 적고 공개적으로 선언하고 나니, 처음엔 부끄러웠지만 점점 목표에 가까워지더라고요. 전공이 무엇이든, 나이가 몇 살이든, 지금 자신이 생각하는 그 무언가를 남들에게 선언해보세요. 시간이 얼마나 걸릴지는 모르지만 점점 목표에 가까워지는 자신의 모습과 마주하게 될 거예요."

아주대학교 심리학과 이민규 교수는 공개선언 효과를 극대화하기 위한 7가지 지침을 다음과 같이 제시했다.

1. 가능한 한 많은 사람들에게 공개하라. 공개 범위가 넓을수록 실천 가능성이 높아진다. 그래서 TV에 출연해 다이어트에 도전하는 사람들의 다이어트 성공 가능성이 일반인들보다 훨씬 높다.

2. 반복해서 공개하라. 공개선언의 빈도가 늘어나면 결심을 번복할 가능성은 그만큼 줄어든다.

3. 극적인 효과를 원한다면 스토리텔링을 하며 좀 더 극적인 방법으로 공개하라.

4. 다양한 방법으로 공개하라. 말과 함께 게시판, 이메일, 인스타그램, 페이스북, 블로그, 유튜브 등 목표를 공개할 수 있는 온갖 방법을 찾아보라.

5. 공개선언과 함께 도움을 요청하라. 당신의 결심을 공개한 사람들에게 결심이 무산되지 않도록 지원을 요청하고 결심 이행 여부를 물어봐달라고 부탁하라.

6. 치러야 할 대가도 함께 공개하라. 결심을 지키지 않았을 때 치러야 할 대가가 크면 클수록 성공 가능성은 더 높아진다.

7. 결심을 지키지 않았을 때 치러야 할 대가를 끔찍한 것으로 정해라. 감당하기 어려운 대가를 치르겠다고 약속해야 실천 가능성이 높아진다.

이제 당신의 목표를 선언해보자. 방법은 간단하다. 당신의 꿈을 정

● 만다라트 공개선언

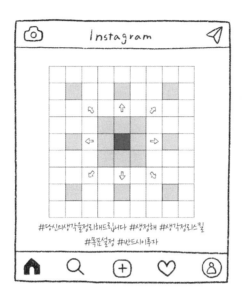

리한 내용들을 사진으로 찍어서 SNS에 올리는 것이다. 사명선언문, 만다라트… 무엇이든 상관없다. 다짐의 메시지도 함께 적는다. 그리고 그 아래 #당신의생각을정리해드립니다, #생정해, #생각정리스킬, #목표설정, #반드시이루자 등의 해시태그를 달아 SNS에 올린다. 그러면 이 책의 독자들과 내가 당신이 목표를 이룰 수 있도록 함께 응원할 것이다.

자, 이제 당신의 목표가 구체적으로 정리됐으니 실천에 옮길 일만 남았다. 목표를 멋지게 달성하기를 진심으로 응원한다.

제6장

당신의 문제를
정리해드립니다

당신이 해결하고 싶은 문제는
무엇인가?

우리는 살아가면서 다양한 삶의 문제들을 만나게 된다. 개인적인 문제, 직장에서의 문제, 사회적인 문제 등 온갖 유형의 문제가 여기저기서 발생한다.

- 지난달보다 매출이 30퍼센트 감소했다.
- 고객이 서비스 관련 클레임을 제기했다.
- 신제품 개발이 지연되고 있다.
- 직장동료와의 관계가 틀어졌다.
- 코로나19로 인해 갑자기 온라인 수업을 하게 되었다.

- 사회적 거리두기가 강화돼 갑작스럽게 재택근무를 시작했다.

그중에는 쉽게 풀리는 문제도 있고, 아무리 머리를 써도 답이 나오지 않는 어려운 문제도 있다. 정답이 하나만 존재하는 문제가 있는 반면, 이것도 저것도 모두 답이 되는 것 같아 머리가 더 복잡해지는 문제도 있다. 여러 번 틀려도 상관없는 문제가 있는가 하면, 한 번이라도 어긋나면 돌이키지 못할 재난으로 이어지는 중대한 문제도 있다.

'문제'를 뜻하는 영어 단어 프로블럼problem은 '앞에 놓인 장애물'을 뜻하는 그리스어 프로블레마problema에서 유래되었다. 앞에 놓인 장애물은 타고 넘거나, 우회하거나, 치워버리거나, 새로운 길을 냄으로써 극복할 수 있다. 그런데 인생을 살아가면서 막상 그런 장애물들과 같은 문제에 맞닥뜨리게 되면 어떻게 해야 할지 막막해진다.

우리가 해결해야 할 '문제'의 정체는 과연 무엇일까? 어떻게 하면 이 문제들을 잘 해결할 수 있을까? 먼저 문제에 관심을 갖고 주목해야 한다. 문제를 문제라 인식하지 않는다면 해결할 가능성도 없다. 어떤 사람은 눈앞에 보이는 문제도 제대로 인식하지 못하지만, 어떤 사람은 보이지 않는 문제도 찾아내 해결한다.

이번 장에서는 문제란 무엇인지 개념을 정리하고, 문제를 해결할 수 있는 프로세스를 살펴볼 것이다. 문제해결 툴과 기법도 배울 것이다. 이를 통해 당신이 현재 마주하고 있는 곤란한 문제에서 벗어날 뿐만 아니라, 유능한 경영 컨설턴트처럼 멋지게 문제들을 해결해내는 '문제해결사'로 거듭나길 바란다.

● 문제 유형 구분

해결하고 싶은 문제는 무엇인가?	
개인 문제	돈 문제, 건강 문제, 가족 문제, 인간관계 문제, 진로 문제, 학업 문제 등
회사 문제	매출 문제, 성장 문제, 관리 문제, 개발 문제, 서비스 문제, 영업 문제 등
사회 문제	정치 문제, 환경 문제, 안보 문제, 소득 불평등 문제, 고용불안 문제 등
코로나 문제	매출 감소 문제, 온라인 수업 문제, 재택근무 문제, 안전 문제 등
기타 문제	이외에도 당신 앞에 어떤 문제들이 있는가?

문제는
현실과 이상의 차이

문제란 무엇일까? 사전적으로는 '해답을 요구하는 물음' 또는 '해결하기 어렵거나 난처한 대상 또는 그런 일'이다. 이것만 보면 문제란 대단히 부정적인 것이어서 당장 해결해야 할 것처럼 느껴진다. 그렇다. 문제는 분명히 어렵고 난처하며, 신속하게 해결해야 할 무언가다. 그런데 문제를 해결하려면 이런 식의 막연한 느낌 말고 진짜 정체를 파악해야 한다.

예를 들어, 의사는 환자에게 '배가 아프다'는 말만 듣고 곧장 약을 처방해주지 않는다. 배가 아픈 것은 하나의 증상일 뿐, 병의 정체를 알려면 더 정밀한 검사가 필요하기 때문이다.

코로나19로 인해 사회적 거리두기가 지속되면서 A씨가 운영하는 가게의 매출이 급격하게 줄어들어 경제적으로 매우 어려운 상황이 되었다. A씨는 과거의 성공 경험을 바탕으로 새로운 전단지와 판촉물을 만들어 홍보하고, 신제품을 개발해 영업을 확대하는 등 다양한 대책을 세웠다. 이를 빠르게 실행하기 위해 은행에서 사업자 대출을 받고, 자신 있게 일을 추진했다. 약간의 성과는 있었지만 매출 하락은 계속되었고, 오히려 판촉 비용 및 신제품 개발 비용이 누적돼 재무 상태는 더 악화되고 말았다. A씨는 또 다른 대책을 고민하고 있다.

예상치 못한 문제가 발생해 상황이 어려워지면 누구나 A씨처럼 무슨 조치라도 취해야 한다고 생각한다. 일단 뭐라도 해야 한다는 생각에 무작정 행동으로 옮기면서 당장의 불안에서 벗어나 안심을 한다. 바쁘게 움직이고 있는 자신의 모습을 보면서 '나는 문제해결을 위해 열심히 노력하고 있다'고 착각하는 것이다.

A씨의 경우, 열심히 노력한 만큼 문제가 조금이라도 해결되면 좋았겠지만, 그로 인해 재무 상태가 더 악화되었다. 이는 '문제란 어렵고 난처한 것', 그러니 '빨리 해결해야 하는 것'이라고 잘못 정의한 결과다. 즉 '하우how 사고의 함정'이라고도 할 수 있다. 문제를 해결할 때는 경험과 직관에 따른 행동도 필요하지만, 이를 뒷받침하는 전략과 계획이 더 중요하다. 전략과 계획을 제대로 세우기 위해서는 문제의 정의부터 올바로 정립해야 한다.

● 문제 도식화

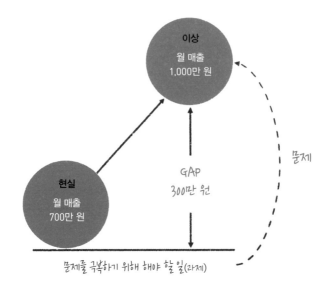

그렇다면 문제란 정말 무엇일까? 시대와 나라, 업종에 상관없이 통용되는 문제의 정의가 있다. '문제란 현재 수준과 이상적인 수준 사이의 차이gap다.' 이는 NCSnational competency standards(국가직무능력표준)와 세계의 문제해결 전문가들이 공식적으로 사용하는 문제의 정의이기도 하다. 예를 들어, 당신이 월매출을 1,000만 원으로 올리고 싶은데 이번 달 매출은 700만 원이라면, 바로 이 300만 원의 차이가 '문제'인 것이다. 그리고 이 차이를 줄이거나 없애는 것이 문제해결이다. 이 예에서는 문제해결을 위해 300만 원의 매출을 더 올리면 된다.

현재 당신에게는 어떤 문제가 있는가?

현실과 이상의 차이, 즉 GAP은 어느 정도인가?

아래 '문제 도식화'에 현실과 이상, 그리고 그 차이인 GAP을 적어

보자.

● 문제 도식화 그려보기

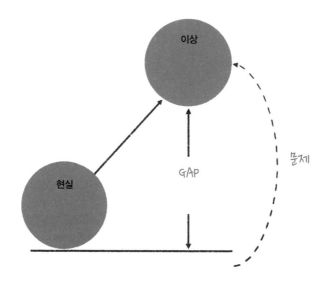

문제의 유형을 알아야
해결할 수 있다

문제를 올바로 정의하고도 해결하기가 쉽지 않은 것은 문제가 워낙 다양할 뿐 아니라 여러 가지 현상이 복잡하게 뒤엉켜 있기 때문이다. 이때 문제의 유형을 구분하면 문제해결의 실마리를 찾을 수 있다.

문제는 시점에 따라 3가지 유형으로 나뉜다. 첫 번째는 이미 발생한 '발생형 문제'(과거), 두 번째는 지금 해결해야 할 문제가 있는지 탐색해보는 '탐색형 문제'(현재), 세 번째는 현재 심각한 문제는 아니지만 기준을 높여 의도적인 간극, 즉 '차이'를 만들어서 문제라고 설정하는 '설정형 문제'(미래)다.

● 문제의 유형 3가지

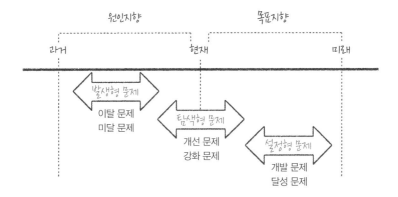

발생형 문제

발생형 문제는 평소에는 문제가 없었는데 어떤 원인으로 인해 그 기준에서 이탈하거나 미달되어 문제가 이미 발생한 것이다. 예를 들면 자사 제품에 하자가 발생해서 고객에게 클레임을 받은 상황과 같다. 문제가 보인다고 해서 '보이는 문제'라고도 한다. 발생형 문제를 문장으로 적을 때는 서술어를 '(문제가) 터졌다', '발생했다' 등의 과거형으로 마무리하면 된다.

이미 발생한 문제를 해결하는 포인트는 신속함이다. 빠르게 문제를 인식하고 원인을 파악해 실질적인 해결방안을 만들면 된다. 다음 페이지에 나오는 발생형 문제의 예시를 살펴보고, 당신에게는 현재 어떤 문제들이 발생했는지 생각해보자.

탐색형 문제

탐색형 문제는 특별히 아픈 곳은 없지만 정기적으로 건강검진을 하는 것과 같다. 발생할 수 있는 문제를 미리 탐색해 대비하는 것이다. 탐색형 문제를 문장으로 적을 때는 '필요성을 느낀다', '고민 중이다' 등으로 마무리한다. 문제가 보이지 않는다고 문제가 없는 것은 아니다. 증상이나 통증이 없다가 어느 날 갑자기 발병해 몸을 망가뜨리는 침묵의 질병이 더 무섭듯이, 눈에 보이지 않는 문제가 더 위험하다. 하지만 숨어 있는 문제를 찾아내 미리 해결한다면 위기를 기회로 바꿀 수 있다. 이때야말로 문제를 꿰뚫어볼 수 있는 눈, 안목이 필요하다.

　탐색형 문제를 찾을 때는 SWOT 기법이나 로직트리 등이 유용하다. 옆 페이지의 예시를 살펴보고 당신에게 발생할 수 있는 잠재적인 문제를 탐색해보자.

탐색형 문제 예시

1. 현재 오프라인 강의 요청이 계속 들어오고 있지만, 온라인 교육 플랫폼을 개설해야 할 필요성을 느낀다.
2. 현재 약간의 척추측만증이 있어서, 앉아서 일했다가 서서 일할 수 있도록 높이를 조절할 수 있는 모션 데스크 구매 필요성을 느낀다.
3. 영업매출이 하락해 유튜브를 통한 퍼스널 브랜딩 전략과 정보 전달로 신규 고객을 확보하는 것에 대해 고민하고 있다.
4. 현재 일반 승용차를 타고 다니는 것에 문제가 없지만, 아기가 생기면 온가족이 타기 편한 SUV를 구매할지 고민 중이다.
5. 유튜브 채널 운영 전략(브랜딩, 수익화 등)에 대해 고민하고 있다.
→ 78~81쪽에서 문제를 해결한 사례를 참고해보자!

설정형 문제

설정형 문제는 미래에 이루고 싶은 목표를 설정하는 것이다. 탐색형 문제는 할지 말지 고민하며 탐색하는 반면, 설정형 문제는 '반드시 하겠다'고 다짐한다. 지금 당장은 문제가 없지만 미래를 생각해봤을 때 이것을 미리 준비해놓지 않으면 안 된다는 인식이 깔려 있다. 즉, 의도적으로 현재와 이상의 차이를 만드는 것이다. 설정형 문제를 문장으로 쓸 경우 '~할 것이다', '~할 계획이다' 등 미래형 서술어로 마무리하면 된다.

목표를 설정할 때는 현재에서 미래를 바라보는 게 아니라, 미래에서 현재를 바라보는 역산 사고가 필요하다. 마치 타임머신을 타고 미래로 가서 이상적인 모습을 봤다고 가정하고, 거기서부터 현재까지의 과정을 되밟아보면서 목표를 세우는 것이다.

설정형 문제, 즉 목표를 세우는 대표적인 툴은 만다라트와 버킷리스트 등이다. (이와 관련해서는 제1장에서 목표를 설정하고 구체화한 사례를 참고하라.) 아래 예시를 참고해 당신의 설정형 문세, 목표가 무엇인지 생각해보자.

설정형 문제 예시

1. 유튜브 구독자 10만 명을 보유한 크리에이터가 될 것이다.
2. 에세이 분야 베스트셀러 10위 안에 드는 책을 만들고 싶다.
3. 하반기 매출을 작년 대비 10퍼센트 이상 상승시킬 것이다.
4. 3년 안에 5,000만 원을 모을 것이다.
5. 1년 동안 30권의 책을 읽을 계획이다.

눈에 보이지 않는 잠재적 문제를 찾아라!

중국 격언 중에 '원려근우'遠慮近憂라는 말이 있다. 먼 앞날을 걱정하지 않으면 반드시 가까운 장래에 근심이 생긴다는 뜻이다. 문제해결의 첫 걸음은 문제를 인식하는 것이다. 발생형 문제는 애써 의식하지 않아도 눈에 보여서 쉽게 해결할 수 있지만, 탐색형 문제와 설정형 문제는 의식하지 않으면 보이지 않는다. 언젠가 발생할 수 있는 이 '잠재적 문제'를 찾으려면 SWOT 기법을 사용하는 것이 좋다.

SWOT은 미국의 경영 컨설턴트 앨버트 험프리Albert Humphrey가 고안한 전략분석 기법으로, 가장 기본적이고 명확한 분석툴이다. 내부 환경의 강점과 약점을 분석하는 동시에 외부 환경의 기회와 위협을 분석할 수 있다. 이는 회사에서 각종 업무에 사용할 뿐만 아니라, 개인이 진로를 찾거나 취업하기 전 또는 이직이나 창업을 할 때에도 활용할 수 있다.

선택은 당신에게 달려 있다. 문제를 인지하지도 못한 채 살아갈 것인가? 문제를 인식하고도 방치하거나 회피할 것인가? 이미 발생한 문제만 처리할 것인가? 잠재적 문제까지 미리 찾아내 해결할 것인가? 여기서 더 나아가 자신만의 목표를 설정해 새롭게 도약할 것인가? 마음의 결정을 했다면, 지금부터 문제에 '직면'해보자!

SWOT:
잘되고 싶다면 전략부터 세워라

인생을 잘 풀어나가려면 전략을 잘 세워야 한다. 그러려면 먼저 내부 환경의 강점Strength과 약점Weakness을 정확하게 파악하고 외부 환경의 기회Opportunity와 위협Threat을 면밀히 분석해야 한다. 이것이 바로 SWOT 기법이다. 주로 기업의 경영 상황을 분석하고 전략을 수립하는 데 활용되는데, 개별 상품이나 서비스 기획, 개인의 커리어 디자인 등에도 매우 유용하다.

SWOT 기법은 아래와 같은 질문에 답변하는 형식으로 진행된다.

- S: 자신(자사)의 '강점'은 무엇인가?

- W: 자신(자사)의 '약점'은 무엇인가?

- O: 외부 환경에서 발견할 수 있는 '기회'는 무엇인가?

- T: 외부 환경으로 인해 발생할 수 있는 '위협'은 무엇인가?

SWOT 기법으로 분석하는 방법

A4용지를 준비해 2×2 매트릭스를 그린다. 각각의 칸에 S, W, O, T를 적는다. 내부 요인 중 목표달성에 긍정적인 요소는 S, 부정적인 요소는 W로 정리한다. 외부 요인 중 긍정적인 요소는 O, 부정적인 요소는 T로 정리한다.

S, W, O, T를 어떤 순서로 분석하면 좋을까? 가장 효과적인 접근법은 T, O, W, S(토우스) 순이다. 대부분의 문제는 외부 환경에서 발생하기 때문이다. 거시적 환경으로 인한 위협(T)과 기회(O)를 먼저 분석한 다음, 내부(회사 또는 나 자신)의 약점(W)과 강점(S)을 분석하는 것이 적절하다. (이해를 돕기 위해, 코로나로 인해 외부 환경이 급격하게 변화하기 시작했을 때 나의 SWOT 분석 및 전략수립 과정을 다음 페이지에 소개한다.)

분석할 때 중요한 점은 어떤 부분에 대해 분석할 것인지 범위를 확실히 하는 것이다. 회사의 상황에 관한 문제인지, 회사의 상품이나 서비스에 관한 문제인지, 내가 운영하는 사업에 관한 문제인지, 아니면 나 자신에 관한 문제인지. 범위를 분명하게 정하고 그 관점에서 분석을 시작해야 한다.

● SWOT 분석 예시: 복주환의 SWOT

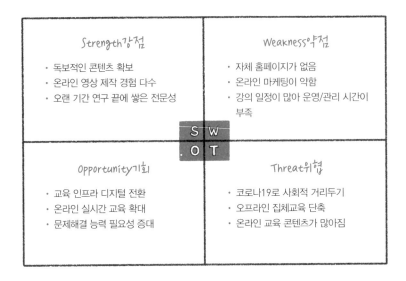

Threat, 외부 위협

외부 환경은 우리의 의지나 능력과 상관없이 변화한다. 코로나19가 대표적인 예로, 거의 모든 사람에게 위협으로 다가왔다. 당신을 둘러싼 외부 환경에는 어떤 것이 있는가? SWOT 매트릭스를 종이에 그린 후 외부 환경으로 인한 위협 요인을 적어보자.

복주환의 T

나의 경우, '코로나19로 인한 사회적 거리두기'라는 외부 환경의 변화 때문에 워크숍 같은 오프라인 집체교육이 크게 줄어들었고, 강사로서 생계를 위협받았다. 온라인 교육시장이 커지면서 관련 콘텐츠가 엄

청나게 증가해 경쟁이 치열해진 것도 위협이 되었다.

Opportunity, 외부 기회

외부 환경은 위협이 되기도 하지만 기회로 작용하기도 한다. 예를 들어 코로나19는 관광업계, 공연업계, 자영업자, 오프라인 강사 등에게는 커다란 위협이 되었지만 온라인 쇼핑몰, 온라인 교육 플랫폼, 택배회사, 식품회사, 스마트스토어 운영자 등에게는 새로운 기회를 제공했다. 이처럼 같은 상황이라 해도 누군가에게는 위협이 되고, 누군가에게는 기회가 된다. 따라서 외부 환경을 분석할 때는 자신에게 위기가 될지, 기회가 될지 객관적으로 점검해야 한다.

복주환의 O

코로나19로 인해 온라인 교육에 친숙해질 수 있는 환경이 조성되었다. 오프라인 집체교육은 축소되었지만 온라인 실시간 교육이 확대되면서 집에서도 강의할 수 있는 기회가 생긴 것이다. 그리고 이런 급격한 변화 속에서는 개인의 역량 강화와 문제해결 능력이 중요해지므로, 나의 '생각정리스킬'이라는 콘텐츠가 주목을 받는 기회가 될 수 있다고 분석했다.

Weakness, 내부 약점

내부의 약점을 냉철하게 파악하는 것은 어떤 문제를 해결하거나 전략을 구상할 때 매우 중요한 과정이다. 보통 강점에만 집중하라고 하는데, 나는 조금 다르게 생각한다.

회사원 L씨는 평소 자신의 체력이 매우 약하며, 그것이 약점이라는 것을 전혀 알지 못했다. 그녀는 매일 야근을 하며 일에 몰두했다. 다른 사람들보다 더 많이, 더 열심히 일해서 성과를 내는 것, 그리고 경력과 커리어를 쌓는 데만 집중했다. 그러다 결국 건강이 악화되는 바람에 큰 프로젝트를 앞두고 4주간 병가를 쓰게 되었다. 만일 그녀가 자신의 약점이 '약한 체력'이라는 것을 알았더라면 어땠을까? 계속 야근을 하는 대신 운동으로 체력을 키우고, 점심을 대충 때우며 일에 매진하기보다는 건강한 식단을 지키며 적절하게 휴식을 취했을 것이다.

아무리 훌륭한 강점이 있더라도, 약점을 파악하지 못하면 중요한 순간에 큰 문제가 생길 수 있다. 개인뿐만 아니라 회사도 마찬가지다. 제품의 퀄리티가 아무리 좋아도, 서비스가 좋지 않다면 문제가 된다. 그 약점을 파악해 해결하지 않으면 고객은 그 회사의 제품을 재구매하지 않을 것이다. 따라서 강점 강화에 초점을 맞추되, 약점 보완에도 신경을 써야 한다.

복주환의 W

당시 나의 약점은 온라인 강의 영상을 제공할 수 있는 자체 홈페이지나 애플리케이션이 없다는 것이었다. 타사들에 비해 온라인 마케팅이 약한 것도 약점이었다. 유튜브 채널(〈복주환 Joohwan Bok〉)은 있지만, 많은 강의 일정을 소화해야 했기 때문에 영상을 지속적으로 업로드하지도 못했다. 이는 향후 극복해야 할 과제였다.

Strength, 내부 강점

강점을 찾을 때는 자신(자사)에게만 있는 점을 발견하는 게 중요하다. 그것이야말로 자신(자사)을 타인(타사)과 차별화하는 요인이기 때문이다. 바로 그 강점이 시장에서 위치 잡기, 즉 포지셔닝positioning 요인이자 성공 포인트가 될 수 있다. 당신의 강점은 무엇인지, 10개 이상 적어보자. 그리고 대체 불가능한 나만의 강점이 무엇인지 생각하면서 우선순위를 매겨보자.

그런데 막상 적으려고 하면 자신의 강점이 무엇인지 쉽게 떠오르지 않을 수도 있다. 나는 생각정리 컨설팅을 하면서 사람들이 자신의 강점을 파악하지 못하는 경우를 많이 보았다. 평소 자신을 객관적으로 들여다보고 어떤 면에서 남과 다른지, 어떤 면에 차별성이 있는지 파악해두지 않으면 무엇이 자신의 강점이고, 무엇이 약점인지 모른 채 살아갈 수도 있다. 그럴 때는 강점 파악을 도와주는 책을 보거나 MBTI, 에니어그램 등 다양한 검사를 통해 진단을 받아보는 것이 좋다.

복주환의 S

나의 강점은 '생각정리 시리즈'라는 독보적인 콘텐츠를 확보하고 있으며, 다양한 관련 경험이 있다는 것이다. 《생각정리스킬》, 《생각정리스피치》, 《생각정리기획력》 등의 책을 100쇄 이상 출간했으며, 해외에서 번역 출간되기도 했다. 법무연수원, 삼성 등 오프라인 강의 경험도 많다. 뿐만 아니라 클래스101, MKYU, 휴넷 등 다양한 플랫폼에서 온라인 교육 콘텐츠를 제작했다.

SWOT 분석을 토대로 전략 세우기

지금부터가 중요하다. SWOT을 분석하는 것은 이를 바탕으로 전략을 세우기 위해서다. '전략'이란 말은 본래 군사학에서 유래됐지만, 이제는 기업이나 여러 조직의 경영 용어로 더 많이 쓰이고 있다.

《손자병법》에 이런 말이 나온다. "전략이 있는데 전술이 없으면 이기기가 지극히 어렵고, 전술이 있는데 전략이 없으면 패배를 자초하게 된다." 전략과 전술을 조화롭게 잘 운용해야 전쟁에서 이길 수 있다는 의미다. 그렇다면 전략과 전술은 어떤 차이가 있을까?

전략은 큰 그림을 그리는 것으로, 장기적이고 근본적인 계획을 말한다. 현재의 상황보다 나은 상태로 이끄는, 즉 방향을 제시하는 일련의 계획이 바로 전략이다. 여기서 중요한 키워드는 '방향'이다. 모든 것을 다 잘하자는 것이 아니라, 방향을 정해놓고 거기에 활동의 초점을 맞추는 것이다.

전술은 전략을 실행하는 세부적이고 구체적인 '행동'이다. 행위action, 목적purpose, 일정schedule, 결과result 이 4가지 요소가 갖춰져야 하나의 전술이라고 말할 수 있다.

전쟁에서 장군이 전략을 짜면 병사들이 전술을 갖고 전투를 하듯이, 기업에서는 리더들이 전략을 세우고 직원들이 전술을 갖고 일을 한다. 전략은 전술이 어떤 곳을 지향해야 하는지 알려주는 나침반이라고 할 수 있다. 그렇다면 SWOT 기법으로 어떻게 비즈니스 전략을 세울 수 있을까? SWOT 기법을 활용하면 다음 4가지 전략을 구상할 수 있다.

● SWOT 전략 수립

		외부환경	
		기회 O	위협 T
내부환경	**강점 S**	OS 전략 → "강점 극대화" 어떻게 하면 외부 기회를 잡고, 나의 강점을 살려서 극대화할 수 있을까?	TS 전략 → "위험 회피&강점 강화" 어떻게 하면 위험 속에서도 강점을 살려 위기를 기회로 만들 수 있을까?
	약점 W	OW 전략 → "약점 강화" 어떻게 하면 외부 기회를 활용하고, 약점은 극복해나갈 수 있을까?	TW 전략 → "위협&약점 최소화" 어떻게 하면 위협적인 상황 속에서 약점을 최소화하고 이겨낼 수 있을까?

OS 전략(기회강점전략: Opportunity+Strength)

현재 나에게 좋은 기회가 무엇인지 탐색하고, 이에 맞게 나의 강점을 발휘하는 전략이다. 기회는 외부에서 나에게 딱 맞아떨어지는 정책, 상황, 현상, 트렌드 등이 될 수 있을 것이다. 반면 강점은 나의 내부적인 측면이다. 예를 들어, 유튜브 크리에이터 〈N잡러 조규림〉은 5년 전부터 자신에게 어떤 기회가 있을지 탐색해보았다.

[기회] 기회를 찾기 위해 다양한 강의를 듣다가, 유튜브 시장이 점점 활성화되리라는 것을 알게 되었다.

[강점] 그녀의 강점은 말을 잘하는 것이었다. 실제로도 학원 강사로 근무를 하고 있었다. 그래서 그녀는 유튜브에 도전했다.

[전략] 유튜브 시장의 활성화(기회) + 다른 사람들에게 말을 잘하는 전달자의 능력(강점)을 합쳐 OS 전략을 세웠다. 유튜브에 대한 공부를 몇 년 동안 하더니, 유튜브 관련 공모전에서 1,000만 원 이상의 상금을 받기도 했다. 그리고 지금은 유튜브를 하면서, 자신의 퍼스널 브랜딩에 성공하여 많은 기업과 대학에서 강의하고 있다. 본인에게 적합한 OS 전략을 세운 덕분이었다.

복주환의 OS 전략

[기회] 예전보다 많은 사람이 온라인 교육에 익숙해졌다. 많은 사람이 유튜브와 줌을 쉽게 활용하고 있다.

[강점] 나의 강점은 온라인 콘텐츠를 제작하고 쉽게 잘 전달하는 능력이 있다는 것이다.

[전략] 나의 OS 전략은 이러한 온라인 교육의 활성화라는 기회에 맞춰, 생각정리스킬이라는 콘텐츠를 유튜브와 온라인 강의 영상으로 더욱더 꾸준히 개발하고 제작하는 것이다. 더 나아가 콘텐츠 기업으로 거듭나기 위해, 생각정리클래스라는 이름의 자체 플랫폼을 탄탄히 다져가면서 다른 온라인 에듀 크리에이터들과의 협업도 확대할 것이다.

TS 전략(위협강점전략: Threat+Strength)

현재 상황 속에서 나에게 위협이 될 수 있는 것(외부 위협)에 대하여 나의 강점(내부)으로 대처하는 것이다. 강점으로 위협에 대응하며 돌파하는 것이 핵심이다.

[위협] 직장인 C 씨는 소셜커머스 A사의 MD로 일했다. 이때 그의 외부적 위협은 경쟁사 소셜커머스 T사였다. 많은 식품업체가 경쟁사 쪽으로 몰리기 시작했다.

[강점] 그의 강점은 친절함이었다. 업체들에 매번 친절하게 상담해 주고, 상품기획 전략을 함께 만들어주었다. 업체들은 경쟁사와 독점으로 식품을 판매하곤 했지만, 그의 친절함에 마음이 녹았다. 소셜커머스 회사의 MD이지만, 마치 제조사의 제품을 자기가 만든 제품처럼 정성을 다하는 모습에 감동한 업체들이 많아졌다.

"MD 님이 친절하고 꼼꼼하게 저희 상품의 장점을 잘 부각시켜주고, 상세페이지와 제목 카피라이팅, 오늘의 상품으로 잘 노출시켜준 덕분에 판매량이 늘어났어요. 원래는 T사와 독점적으로 진행하려고 했지만, MD 님이 계신 A사로 갈게요. 감사해요."

[전략] 경쟁사의 쿠폰과 할인 전략으로 많은 업체가 경쟁사로 가서 독점 계약을 하는 위협이 있었지만, C 씨는 자신의 강점인 친절함과 꼼꼼함으로 업체들을 챙겼다. 외부 위협 속에서 자신만의 강점으로 대처하고 돌파한 TS 전략의 사례다.

복주환의 TS 전략

[위협] 처음 강의를 시작할 때, 강의 플랫폼이나 강연에이전시 사이트에 들어갔었다. 이때 많은 강사가 경력, 학벌, 전공 등을 내세웠다. 이력이 쟁쟁한 사람들이 너무나 많았었다. 세상을 바꾸는 시간 15분과 테드 등으로 인해 강연과 강의가 대유행이었던 시절, 대학교를 휴

학한 휴학생 신분에다가, 나이도 어린 터라 진입조차 하기 어려운 상황이었다.

[강점] 여기에서 어떻게 살아남을 수 있을까 고민하다가, 나의 강점을 내세워 정면 돌파를 해야겠다고 생각했다. 다른 사람들이 모두 자신의 이력과 자기 자신을 부각시킬 때, 나는 나의 콘텐츠인 생각정리 스킬과 강의력을 부각하자고 마음을 먹었다.

[전략] 강점 강화를 위해서는 강사 자신의 경력을 부각하는 강의에 이전시 사이트로 도전하는 것이 아니라, 콘텐츠 중심의 플랫폼인 온오프믹스로 가서 강의를 오픈하는 게 좋다고 판단했다. 또한 콘텐츠를 전달하는 실력을 부각했다. 연극과 뮤지컬을 했던 경험을 바탕으로, 강의 무대에서 한 편의 공연처럼 기승전결의 흐름을 살리고 연기력을 발휘하여 재미있는 강의를 하기 위해 노력했다.

그렇게 내가 지닌 강점을 부각해 정면돌파를 시도하자 남들과 차별화된 행보 덕분에, 이후 강의업계에서 엔터테이너형 강사라는 평을 얻게 되었다. 생각정리는 어떻게 보면 지루하고 딱딱한 분야일 수 있지만, 논리 사고 분야를 재미있게 가르친다는 입소문이 나면서 강의가 많아졌다. TS 전략을 잘 활용한 결과였다.

OW 전략(기회약점전략: Opportunity+Weakness)

외부 기회를 잡고, 내부의 약점은 보완해서 기회를 살리는 전략이다.

[기회] N잡러 조규림은 유튜브의 활성화가 기회가 될 것이라는 것을 감지했다.

[약점] 하지만 그녀는 한 번도 영상 제작을 해본 경험이 없었다. 그래서 처음에 유튜브를 시작했을 때는, 한 번도 편집한 적 없이 그냥 찍어서 올렸다.

[전략] 아무래도 약점을 보완해야겠다고 생각한 그녀는, 학원에 등록하여, 영상편집 PC프로그램인 어도비 프리미어 프로_{Adobe Premiere Pro}를 배웠다. 이후에도 혼자 유튜브를 보고 독학을 하면서 AI 자막프로그램인 VREW를 배웠다. TV 예능프로그램처럼 예쁜 예능 자막을 넣고 싶어 뱁믹스도 독학으로 마스터했다.

유튜브 시대라는 기회를 그녀의 것으로 만들기 위해 그리고 자신의 약점이었던 미숙한 영상제작능력을 보완하기 위해서 최선을 다했다. 그리고 지금은 유튜브를 통해 다양한 기회를 얻고, 영상제작능력에 대한 인정을 받아 피자헛, 본죽, 락앤락 등의 유튜브 광고 영상을 제작하기도 했다. 약점을 보완해 외부 기회를 잡은, 즉 OW 전략을 잘 활용한 결과였다.

복주환의 OW 전략

[기회] 4차 산업혁명과 코로나19 같은 급격한 변화를 맞아 개인의 역량 강화와 문제해결 능력이 중요해지면서, 나의 '생각정리스킬' 콘텐츠가 기업의 교육담당자와 개인들에게 더 널리 알려졌다.

[약점] 책과 영상이 많은 이들의 호응 속에서 인기를 끌고 교육 문의가 이어졌지만, 1인기업으로 시작한 회사라 모든 문의와 강의 일정을 혼자서 처리해야 했다.

[전략] 나는 약점을 인정하고 극복하기로 했다. 교육제안서를 업데이트하고, 개인과 기업 교육담당자들이 자주 물어오는 질문을 FAQ 형태로 정리해 업로드했다. 그러자 상담 전화는 줄어들고, 교육 의뢰는 많아졌다. 나는 앞으로 내가 위임하고자 하는 분야에 유능한 인재들을 채용하거나 협업함으로써, 교육 콘텐츠 개발 등 내가 가장 잘할 수 있는 업무에 더욱 집중할 예정이다. 외부의 기회를 잡기 위해, 내부의 약점을 보완한 OW 전략의 사례다.

TW 전략(위협약점전략: Threat+Weakness)

외부의 위협을 피하고, 자신의 약점을 보완해 방어를 취하는 전략이다.

[위협] N잡러 조규림 님은 커리어코치 활동을 하고 있었다. 2016년에 그녀가 처음 새로 커리어코치를 시작했을 무렵에는 대학 강의를 할 수 없었다. 대학에서는 오랜 경력이나 대기업 인사팀 출신의 강사를 선호했고, 그런 이유로 경쟁 강사들에게 밀렸기 때문이다.

[약점] 당시 커리어코치로서 경력이 부족한 것이 약점이라는 것을 인정했다.

[전략] 그녀는 1년을 3년처럼 쓰기로 했다. 아침부터 밤까지 취업아카데미에서 강의와 컨설팅을 하면서 실전 경험을 쌓고, 주말 근무도 마다하지 않았다. 집에서 설거지하거나 이동하는 시간에도 한국 직업방송을 들으며 다양한 회사와 직무에 관해서 공부했다. 커리어 칼럼을 연재하고, 유튜브에서도 많은 학생을 만나서 라이브방송을 하며 커리

어코치로서 자신만의 경력을 쌓아갔다.

그 결과 그녀는 대학 강의를 시작할 수 있었다. 그뿐 아니다. 한국직업방송과 SBS모닝와이드, 아리랑 뉴스, 잡코리아 TV 등에 출연하면서 커리어코치로서 활약할 수 있었다. 이후 커리어코치 협회에 들어가, 근로 장학생처럼 교육운영 스태프 일을 하면서 다양한 커리어 교육을 듣고 커리어 코치협회 자격증을 취득하기도 했다. 외부의 위협상황과 경쟁 속에서 자신의 약점을 보완하고 대비하는 TW 전략을 잘 활용한 결과였다.

복주환의 TW 전략

[위협] 코로나19로 온라인 교육시장이 커지면서 경쟁이 치열해졌다. 유튜브 크리에이터들도 대거 진입하고 있다.

[약점] 나는 오랜 기간 강의를 해왔지만 온라인 강의 영상을 제공할 수 있는 자체 홈페이지나 애플리케이션이 없었다.

[전략] 나는 이 약점을 보완하기 위해, 온라인에 적응하기로 했다. 유튜브에도 도전하고, 다른 크리에이터들과의 콜라보 방송에도 출연했다. 지식 틱톡커에 도전하기도 하고, 네이버 카페를 활성화하고 있다. 또한 자체 플랫폼 〈생각정리클래스〉를 개설해 다양한 강사, 크리에이터들과 협업한다. 경쟁이 아니라 상생을 통해 함께 건강한 교육생태계를 만들어가고자 한다.

● SWOT 전략 수립(복주환 사례)

	외부환경	
	기회 O	위협 T
강점 S	**OS 전략 → "강점 극대화"** 기회: 온라인 교육의 활성화 강점: 책, 강의 영상 등 콘텐츠 제작 능력 전략: 꾸준한 온라인 영상 및 콘텐츠 개발, 다른 에듀 크리에이터들과 콜라보 확대, 자체 플랫폼으로서 콘텐츠 기업으로 성장	**TS 전략 → "위험 회피&강점 강화"** 위협: 경력, 학벌, 전공 중심의 강사 세계 강점: 나만의 콘텐츠를 개발하고 전달함, 연극과 뮤지컬을 했던 경험을 바탕으로 재미있는 강의를 함 전략: 나만의 콘텐츠를 가지고 활동하는 엔터테이너 형 강사로 포지셔닝
약점 W	**OW 전략 → "약점 강화"** 기회: 4차 산업혁명 시대의 도래, 기업 교육 업계에 '생각정리스킬'이 널리 알려짐, 대중들에게도 콘텐츠가 알려져 교육 문의 쇄도 약점: 1인 기업으로 시작해 모든 일을 혼자 처리, 많은 교육 문의에 직접 응대하는 것이 버거웠음 전략: 교육 문의를 강연 에이전시에서 대신 응대, 교육 커리큘럼 및 제안서 업데이트, 상세 페이지 디자인 제작, 잘하는 일에만 집중하고 나머지는 위임, 유능한 인재들 채용 또는 협업 강화	**TW 전략 → "위협&약점 최소화"** 위협: 온라인 교육 콘텐츠가 점점 많아짐, 강사와 크리에이터가 점점 많아짐 약점: 자체 홈페이지가 없었음, 온라인 마케팅에도 신경 쓰지 못함 전략: 자체 플랫폼 〈생각정리클래스〉를 개설함, 다양한 강사, 크리에이터들과 협업, 온라인 마케팅공부 및 외부업체 협업

(좌측 세로: 내부환경 / 강점 S / 약점 W)

How 사고의
함정에서 벗어나자

어떤 문제가 발생하면 사람들은 우선 대책부터 세우고 싶어 한다. 문제를 어떻게 해결할지에 몰두하는 것이다. 이런 경향을 '하우How 사고'라고 한다. 문제의 정체와 본질에 대해 깊이 생각하지 않고, 당장 눈앞의 대책에만 몰두하는 사고 특성이다.

하우 사고에는 커다란 함정이 있다. 자칫하면 문제의 근본적인 해결에는 도움이 안 되는 쓸모없는 대책을 세울 수 있다는 점이다. 예를 들어, '돈을 모으려면 어떻게 해야 할까?'를 생각하면 '무조건 절약하기' 같은 아이디어가 즉각적으로 떠오른다. 그런데 이 질문이 정말 유효할까? 평소 검소하게 생활하며 절약을 했는데도 목표하는 만큼 돈이 모

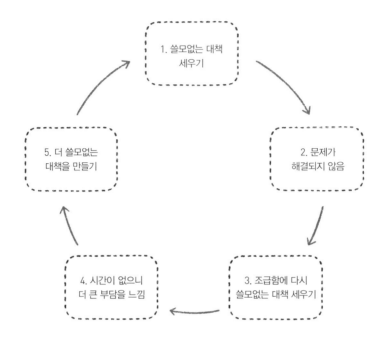

이지 않았다면, 이 방법은 '돈을 모으려는 목표'에 그다지 유효하지 않을 수 있다.

오히려 근본적인 원인을 살펴보는 것이 좋다. 그러면 무조건 절약을 통해 지출을 줄이는 게 아니라, 수익을 늘려야 한다는 결론에 도달할 수도 있다. '노동시간을 늘려 추가수당 받기', '실력과 커리어를 높여 시급 올리기', '틈틈이 공부해 주식투자하기' 등 더 좋은 방법이 나올 수 있다.

그렇다면 우리는 왜 하우 사고의 함정에 빠지는 걸까? 일상의 업무로 바쁜 와중에 갑자기 문제가 발생하면, 우리는 순간 멍해진다. '어떻게 하지, 어떻게 하지?' 당황하다가, 깊게 고민하지 않고 즉시 떠오르는 생각과 임기응변으로 문제를 빠르게만 해결해버리려고 한다. 이런 상황에서 '하우'부터 떠올리게 되는 것이다. 이는 어쩌면 자연스러운 반응이라고 할 수 있다.

문제를 근본적으로 해결하기 위해서는 하우 사고의 함정에 빠지지 않도록 주의해야 한다. 문제의 진짜 원인을 찾지 못한 채 피상적이고 단기적인 해결에 급급하다 보면 진짜 문제는 더 심각한 채로 곪아 악순환에 빠질 수밖에 없기 때문이다. 그렇다면 어떻게 해야 하우 사고의 악순환에서 벗어날 수 있을까?

첫째, 제로베이스부터 천천히 차근차근 생각하기

업무를 하다 보면 데이터와 경험이 쌓이게 된다. 업무 패턴이 오랜 시간 반복되면 자연스럽게 나만의 감, 나만의 일하는 방식이 생긴다. '이럴 때는 이렇게 하면 되지!' 하며 직관에만 의존한다. 특히 성장을 위해 자기만의 방식으로 달려온 경영진이나 높은 성과를 자주 낸 사람에게서 많이 보이는 패턴이다.

성공 경험은 물론 좋은 동력이지만, 자신의 '감'과 '경험'에만 의존해서는 안 된다. 세상은 매우 빠른 속도로 변화하고 있기 때문이다. 자신도 모르는 사이에 과거의 강점이 약점으로 바뀌기도 한다. 환경이 변하면 '감'과 '경험'의 효능은 사라진다. 그러니 과거의 영광에만 매몰돼 있을 일이 아니다.

기존 관념을 벗어나려면 '제로베이스'에서 다시 생각해야 한다. 어떤 문제가 발생했을 때 '지난번에 A방식으로 해결했으니 이번에도 A방식으로 해결해보자'는 생각에서 탈피해야 한다. A방식이 과거에는 통했지만 이번에는 맞지 않을 수도 있으니 더 알맞은 대책을 세워보자는 유연한 사고로 해결책을 찾아야 한다.

현재 유튜브 채널 〈김작가TV〉를 운영하는 김도윤 님은 유튜브를 하기 전 많은 베스트셀러를 낸 작가다. 그는 스마트폰과 5G 기술 등의 발달로 많은 사람들이 책보다는 영상매체에 익숙해져가고 있는 현실을 누구보다도 빠르게 인식했다. 작가로서 책을 내는 것도 중요하지만, 많은 사람들에게 좋은 콘텐츠를 전달하는 것이 더 중요하다고 생각한 그는 제로베이스에서 다시 시작하기로 했다.

처음에는 유튜브에 대해서 아는 것이 없었지만, 자신보다 어린 유튜브 크리에이터들에게도 배우고, 관련 서적을 읽고, 유튜버들을 인터뷰하면서 적응해나갔다. 결국 그는 단 2년 만에 구독자 60만 명 이상의 탄탄한 유튜브 채널을 만들었다. 한국콘텐츠진흥원 '아이디어 융합팩토리 뉴디미어랩' 최우수상(1위), 한국전파진흥협회 '1인 창작자 콘텐츠 제작지원 공모'에서 우수상을 수상하기도 했다. 이제는 그를 작가보다 유튜버로 아는 사람이 더 많다.

둘째, 시선을 한두 단계 높여서 바라보기

문제해결 능력을 강화하려면 무엇보다도 문제에 대한 책임감이 있어야 한다. 일을 하거나 문제를 해결할 때는 주인의식과 책임감을 가져야 높은 성과를 낼 수 있는데, 그러려면 관점을 전환해야 한다. 시선을 한두 단계 높여, 상사 또는 사장의 입장에서 회사 전체의 상황을 보는 것이다. 가능한 한 시점을 넓혀서 다양한 문제를 검토해봐야 한다.

그렇다면 어느 정도 범위까지 문제를 파악하는 것이 좋을까? '자신의 위치에서 한 단계 정도 위'를 권장한다. 팀원이라면 팀장 정도의 위치에서, 대리라면 과장 정도 위치에서 전체적인 문제를 파악해 분석해보는 것이다. 만약 효과적인 대책이 나오지 않는다면 상사나 관계자의 도움을 받을 수도 있다.

인터넷쇼핑몰에서 일하는 J씨는 식품팀의 음료 담당 MD로서 매일 음료 판매에 몰두하고 있다. 옆자리 견과류 담당 L대리는 견과류 판매에, 간식 담당 K대리는 시리얼 판매에 매진한다. 그렇게 다들 담당 업무에만 몰두하고 있을 때 C팀장이 나타나 이렇게 말했다. "우리 각자의 담당만 생각하지 말고, 다 같이 생각을 모아 '아침 대용식 기획전'을 하는 게 어떨까요?"

직원들은 자신의 담당 파트만 생각하고 있었지만, 팀장은 고객이 장을 볼 때 아침 대용식으로 두유, 견과류, 시리얼 등을 동시에 사는 모습을 발견했다. 해당 쇼핑몰에서는 두유, 견과류, 시리얼을 각각 따로 팔고 있어서 고객들은 배송비를 세 번 내야 했다. 하지만 이제 팀장의 제안으로 하나의 기획전에서 다양한 카테고리의 제품을 한번에 구매할 수 있게 되었다. 팀장은 쇼핑몰의 입장을 뛰어넘어 고객의 시선에서도 생각을 했기에 이런 문제해결책을 도출할 수 있었던 것이다.

나의 경우, 콘텐츠를 만들거나 책을 쓸 때 다양한 관점에서 바라보기 위해 노력한다. 예를 들어, 작가의 입장이 아니라 책을 편집하는 에디터나 출판사의 시선으로 책을 바라보는 것이다. 그러면 책의 세세한 내용이 아니라 콘셉트와 전체 구성에 집중하게 된다. 독자가 누구이고 그들이 원하는 콘텐츠는 무엇인가, 첫 페이지부터 마지막 페이지까지 어떻게 일관된 논리로 구성할 것인가를 생각하게 된다.

초보 작가들이 흔히 하는 실수 중 하나가 독자가 듣고 싶은 이야기보다 자신이 말하고 싶은 이야기에 몰입하는 것이다. 그럴 때 관점을 바꿔 의식적으로 에디터나 출판사 입장에서 바라보면 자연스럽게 독자 중심의 글을 쓰게 된다.

이처럼 어떤 일을 할 때 자신의 위치에서 벗어나 다른 사람의 입장에서 바라보면 보이지 않았던 문제들이 보일 것이다.

셋째, 리더의 사고체계부터 바꾸기

속도가 중요한 회사의 업무 현장에서는 상사가 부하직원에게 문제의 현황과 원인을 충분히 설명하지 않은 채, "그냥 해!"라고 하우How 지시를 하는 경우가 허다하다. 수직적 관계의 지시 패턴인 하우 지시가 일

처리 속도를 단축시키기도 하지만, 그러면 부하직원은 생각을 하지 않고 수동적으로 일하게 된다. 담당자가 생각을 하지 않으면 문제는 해결되지 않은 채 남게 된다.

그렇다면 어떻게 해야 할까? 상사는 부하에게 현재 상황What과 문제의 원인Why, Where이 이러하니 대책How을 함께 생각해보자고 리드해야 한다. 또는 대책을 세우기 위해서 거꾸로 현재 상황과 원인을 먼저 분석해보자는 식으로 소통하는 것이 좋다.

K대표는 부하직원에게 아무리 작은 일이라도 "이렇게 하세요."라고 바로 지시하지 않는다. 이 일을 해야 하는 상황과 이유, 현재의 문제점 등을 알려주고, "이런 상황에서 어떻게 하면 될까요?"라고 물어보기도 한다. 그러면서 대표의 생각을 직원들에게 주입하는 하향식top-down이 아니라 상향식bottom-up으로 소통한다.

상세하게 알려주는 것이 처음에는 시간낭비처럼 보일지 몰라도 궁

● 문제해결 프로세스

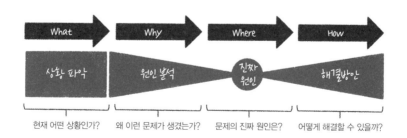

제6장 · 당신의 문제를 정리해드립니다

극에는 매우 큰 도움이 된다. 그로 인해 직원들이 회사의 상황을 이해하고 책임감 있게 해결책을 만들어나간다. 궁극적으로 리더의 사고체계는 구성원의 사고체계가 된다. 합리적인 사고체계를 가지고 소통하는 리더와 함께하는 조직만이 '능동적으로 생각하고 움직이는 조직', '문제를 스스로 해결할 수 있는 조직'이 되는 것이다.

반대로 리더에게 합리적인 사고체계가 없다면, 그 조직은 어떻게 될까? 한마디로 무질서하고, 산만하고, 무엇을 향해 나아가는지 방향조차 모르는 상태로 일을 하다가 결국 해체되기 십상이다.

문제를 잘 해결하는
순서와 방법

문제해결에도 기본적인 순서가 있다. 어떤 문제를 잘 해결하고 싶다면 이 '문제해결 프로세스'를 기억하자.

문제해결은 다음의 4단계를 따른다. ① 문제가 무엇인지 인식하고 What, ② 문제가 왜 발생했는지를 분석해서 Why, ③ 진짜 문제가 어디에 있는지 찾아내 Where, ④ 어떻게 해야 할지를 생각해서 How 문제를 해결한다. 이 프로세스는 시대, 나라, 업종을 불문하고 문제를 해결할 수 있는 순서이자 공통 언어다.

실제 회사 내에서 이 프로세스를 어떻게 활용할 수 있을지, 다음 페이지의 예시를 통해 살펴보자.

1단계 What: 문제의 현재 상황은 어떤가? ⋯→ [현황 파악]

우리 회사는 스마트스토어를 운영한다. '문틀 철봉'은 2년 동안 수천 개가 판매됐을 정도로 자사에서도 가장 인기가 좋은 상품이다. 그런데 최근 고객이 철봉으로 인해 문틀이 파손되었다면서 손해배상을 요구하는 문제가 발생했다. CS팀에서는 철봉의 문제가 아니라 문틀의 문제이기 때문에 배상하지 않겠다고 답을 해버렸다. 그로 인해 고객은 더 화가 나서 소비자고발센터 등에 제보하겠다고 말했다.

2단계 Why: 왜 이런 문제가 발생했는가? ⋯→ [원인 분석]

뒤늦게나마 이 문제를 잘 해결하기 위해 문제 원인부터 다시 차근차근 분석해나갔다. ① 철봉의 이상일까? ② 문틀의 이상일까? ③ 고객이 설치하는 과정에서 생긴 문제는 아닐까? ④ CS팀의 문제일까?

3단계 Where: 진짜 문제는 어디에 있는가? ⋯→ [진짜 원인 찾기]

담당자는 CS팀에게 고객의 연락처를 받아 직접 연락했고, 문제의 진짜 원인을 파악하기 위해 조심스럽게 여러 가지를 물었다. 고객은 "문틀철봉인데 막상 문틀에 철봉을 설치하니 문틀이 파손되었다."면서 "이렇게 될 수도 있다는 주의사항을 상세페이지 어디에도 적어놓지 않은 것"에 대해 불만을 토로했다. 그리고 "CS 담당자가 집 문틀의 문제이지 철봉의 문제가 아니라고 단정짓는 태도

● 로직트리를 활용한 문제해결의 흐름(예시)

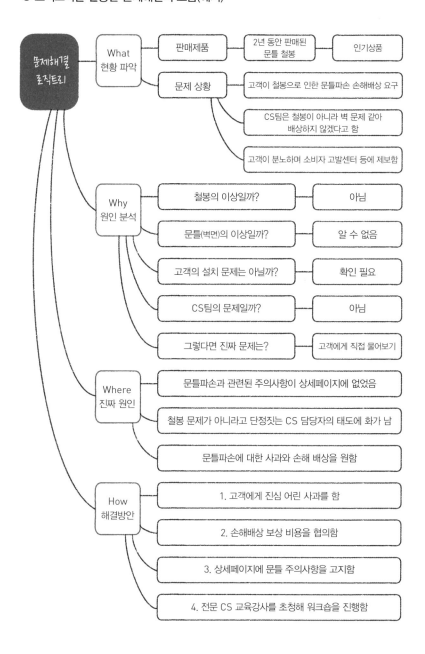

에 화가 났다."면서, 문틀 파손에 대한 사과와 손해배상을 원한다고 말했다.

4단계 How: 그렇다면 어떻게 해야 할까? ···▶ [해결방안]

고객의 목소리를 귀담아 들은 회사는 다음과 같이 문제해결 방안을 도출했고, 다행히 더 큰 문제로 번지지 않고 잘 마무리되었다.

① 우선 고객에게 진심 어린 사과를 한다.

② 그다음 손해배상액을 협의한다.

③ 이후 상세페이지에 문틀 주의사항을 고지해서, 향후 다른 고객들에게도 문제가 되지 않도록 예방한다.

④ 문제를 해결하고 나서 추후 서비스의 질을 높일 수 있도록 전문 CS교육 강사를 초청해 워크숍을 진행한다. 앞으로 고객의 입장에서 생각할 수 있도록 더욱 주의하며 업무에 임한다.

어떤 문제든 '문제해결 프로세스 4단계'에 대입해서 생각하면 순서대로 차근차근 해결해나갈 수 있다. 이때 로직트리를 함께 쓰면 좋다. 논리의 나무 로직트리에서 기둥과 가지는 문제해결 프로세스이고, 나뭇잎들은 구체적인 해결책들이라고 할 수 있다. '문틀칠봉'의 문제해결 과정을 로직트리로 그려보면 앞 페이지의 모양과 같다.

로직트리를 사용해야 하는
5가지 이유

로직트리는 논리적으로 생각을 정리하기에 좋은 툴이다. 그래서 아이디어 기획, 비즈니스 말하기와 글쓰기 등 논리적 사고와 관련된 책에 자주 등장한다. 그렇다면 로직트리를 사용해야 하는 구체적 이유는 무엇일까?

첫째, 일의 전체상이 한눈에 보인다

일을 잘하는 사람, 끝까지 꼼꼼하게 해내는 사람, 회사 내 문제를 잘 해결하는 사람들의 특징 중 하나는 일의 전체상이 머릿속에 있다는 것이다. 그들은 거시적인 관점으로 일의 '전체'를 보는 안목이 있다. 동시

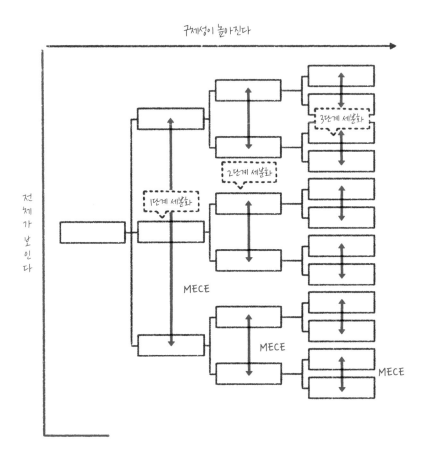

에 미시적 관점으로 일의 '부분'을 파악하는 안목도 있다.

　로직트리를 사용하면 원페이지로 생각을 정리할 수 있다. 내용이 한 눈에 보이기 때문에 전체를 단번에 이해할 수 있고, 토픽의 상하좌우 논리와 인과관계의 오류를 신속하게 바로잡을 수도 있다. 그 결과 업무를 처리하는 속도가 빨라지고 실수도 현저히 줄어든다.

둘째, MECE적으로 황금비율 카테고리를 만들 수 있다

로직트리를 그릴 때 가장 어려운 것 중 하나가 '가지를 어떻게 전개해나가야 하는가'다. 아무런 규칙 없이 무작정 가지를 뻗어나가면 생각이 정리되는 게 아니라 더 복잡해진다. 이때 MECE 기법을 알고 있다면 '황금비율 카테고리'를 만들어 체계적이고 구체적으로 가지를 치며 생각을 정리할 수 있다. 흔히 '미씨'라고 부르는 MECE_{Mutually} Exclusive Collectively Exhaustive는 상호 배타적이고 전체로서도 빠뜨리는 것이 없다는 뜻이다. 즉, 서로 중복되지도 누락되지도 않으며 뒤죽박죽 섞여 있지도 않은 상태를 바로 MECE라고 부른다.

책을 예로 들어보자. 백과사전이나 개론서처럼 논리적이고 체계적이며 일목요연하게 잘 정리되어 있는 상태가 바로 MECE적인 상태다. 반면, 제1장에 나온 내용이 제3장에 또 나오고, 목차에 있는 제목이 본문에는 누락되어 있는 책들도 있다. 이렇게 MECE적이지 않은 책을 보면 전체 내용에 대한 신뢰도가 떨어진다.

다음 페이지의 '의류' 예시에서 MECE적으로 정리한 상태와 그렇지 않은 상태를 확인할 수 있다.

그럼 로직트리에 어떻게 MECE 기법을 접목할까? 주요 토픽과 하위 토픽에 경영학의 프레임워크 항목을 적으면 된다. 예를 들어, 경영학의 3C분석이나 마케팅의 4P전략 등이 대표적이다. 이는 조직, 경영, 마케팅 등 비즈니스 주요 영역의 핵심요소를 MECE적으로 추출한 것

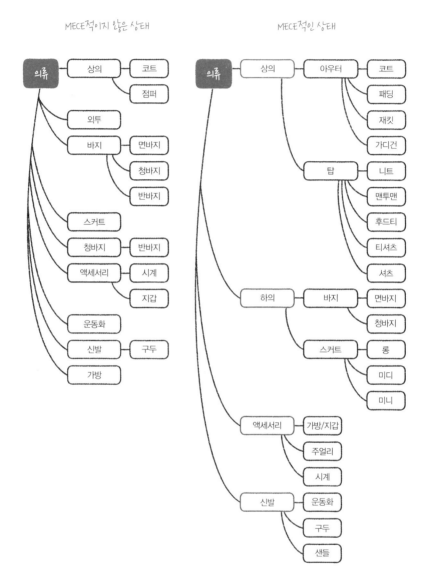

● MECE 프레임워크

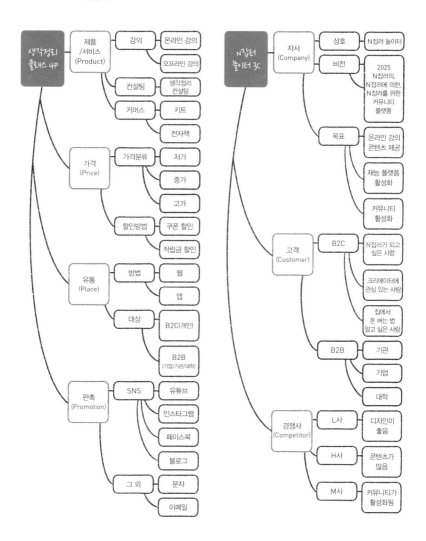

이다. 로직트리에 접목한 예를 보자.

3C는 기업 분석의 기본이다. 자사의 현황을 분석할 때 주요 토픽에 3C 요소를 적으면 균형 있게 내용을 정리할 수 있다. 중심 토픽에는 자사의 이름을 적고, 주요 토픽에 자사Company, 고객Customer, 경쟁사Competitor 를 적는다. 하위 토픽에는 그와 관련한 세부 항목이나 내용을 MECE적으로 정리한다.

4P는 마케팅 분석 및 전략 기법이다. 판매가 저조하거나 마케팅을 강화할 방안을 찾을 때 4P를 활용하면 유용하다. 중심 토픽에 자사의 이름을 적고, 주요 토픽에 제품Product, 가격Price, 유통Place, 판촉Promotion 을 적는다. 그리고 하위 토픽에 관련 세부 항목이나 내용을 MECE적으로 정리한다.

셋째, 다른 생각정리 툴들과 함께 사용할 수 있다

마인드맵, 로직트리, 피라미드 구조의 이미지를 보면 아무리 토픽이 많아도 결국 중심 토픽, 주요 토픽, 하위 토픽 순서로 진행된다는 걸 알 수 있다. 토픽의 진행방향만 다를 뿐이다. 마인드맵과 만다라트는 아이디어를 구체화하는 게 목적이기 때문에 방사형 구조로 전개된다. 로직트리는 체계적으로 문제를 분석하기 위해 오른쪽 계층형으로 전개된다. 피라미드 구조는 정보를 논리적으로 전달하기 위해 수직적으로 전개된다. 이렇게 중심 토픽, 주요 토픽, 하위 토픽의 체계는 같고 목적에 따라 하위 토픽의 진행 방향만 달라진다는 걸 알면 다양한 생각정리 툴들을 자유자재로 활용할 수 있다.

● 마인드맵 / 로직트리 / 피라미드 구조

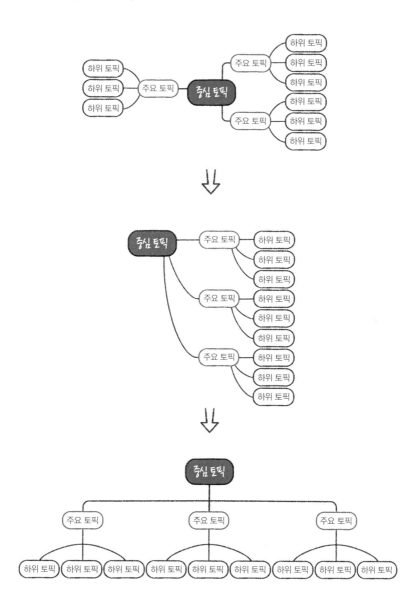

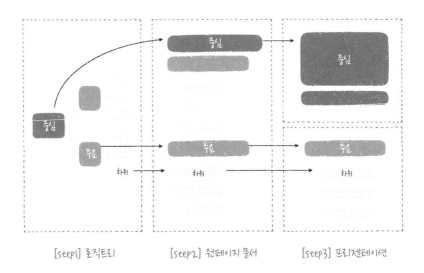

[step1] 로직트리   [step2] 원페이지 문서   [step3] 프리젠테이션

나는 로직트리를 그릴 땐 디지털 마인드맵을 활용한다. 분량과 상관없이 생각을 구체화하고, 내용을 신속하게 수정하기 위해서다. 아이디어를 발상해 정리하고 누군가에게 전달할 때는 먼저 컴퓨터로 디지털 마인드맵 프로그램을 실행한다. 그다음 방사형인 마인드맵으로 아이디어를 나열한다. 이를 오른쪽 계층형인 로직트리로 전개 방식을 변형해 논리정연하게 아이디어를 분류하고 배열한다. 내용을 모두 정리했으면, 이 내용을 다른 사람에게 전달하기 위해 90도 회전해서 피라미드 구조로 한번 더 변형한다. 그러면 조직도 형태처럼 위에서 아래로 중심 토픽, 주요 토픽, 하위 토픽 순으로 배치되어, 내용을 논리적으로 전할 수 있다.

● 문제해결 보고 로직트리

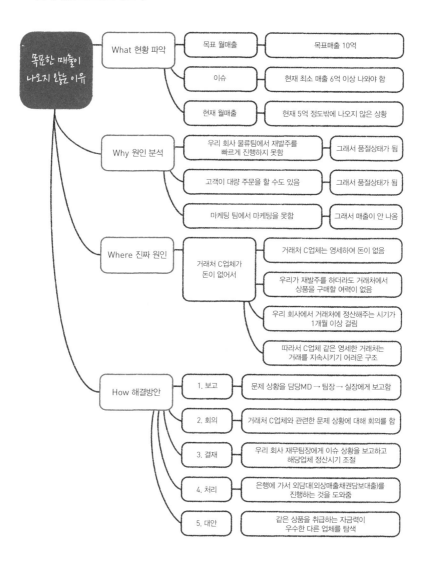

넷째, 문서로 즉시 변환할 수 있다

디지털 마인드맵을 활용해서 중심 토픽, 주요 토픽, 하위 토픽 순서로 만든 로직트리는 '다른 형식으로 저장' 기능을 활용해 워드파일, PPT파일, 텍스트파일, 그림파일 등으로 즉시 변환할 수 있다. 워드파일을 보면 중심 토픽은 문서의 제목, 주요 토픽은 목차, 하위 토픽은 내용이다. 패키지 문서인 PPT는 첫 페이지 즉 제목이 중심 토픽, 두 번째 페이지 즉 목차가 주요 토픽, 나머지 상세페이지가 하위 토픽이다.

다섯째, 생각을 설득력 있게 전달할 수 있다

"목표한 매출이 안 나오는 이유가 뭔가? 거래처 미팅 끝나고 회의할 예정이니, 1시간 후에 해결책과 함께 보고하게."

상사가 이렇게 요구한다면, 당신은 어떻게 하겠는가?

짧은 시간 안에 문제의 원인과 해결책을 정리해야 하는 상황이다. 여기에 논리정연하게 보고까지 해야 한다. 이럴 때 로직트리를 활용하면 문제해결뿐만 아니라 보고까지 잘할 수 있다.

로직트리 중심 토픽에 '목표한 매출이 나오지 않은 이유'라고 적는다. 주요 토픽에 매출과 관련된 구성요소를 적는다. 그리고 각 단계에서 각각의 요소를 분해해 생각한다. What, Why, Where, How의 흐름으로 생각을 정리했으면, 핵심내용만 요약해 아래와 같이 보고할 수 있다.

"목표 매출이 나오지 않은 이유에 대해서 말씀드리겠습니다."

What: 목표했던 월매출은 10억 원입니다. 따라서 한 달 중 20일이 경과된 지금, 매출이 최소 6억 원은 나와야 합니다. 하지만 현재 5억 정도밖에 되지 않은 상황입니다.

Why: 월매출이 목표보다 저조한 이유는 제품 리오더, 즉 재발주를 빠르게 진행하지 못했기 때문입니다. 그래서 현재 우리 회사 쇼핑몰에 거래처인 C업체 브랜드 상품이 '품절'로 떠 있습니다.

Where: 그중 가장 큰 원인은… C업체는 워낙 작은 회사고 현재 자금이 부족한 상태라 우리 회사에 납품할 물건을 구입하지 못하고 있습니다. 우리 회사에서 C업체에 정산하는 것은 보통 납품 후 1개월입니다. 그래서 아직 우리 회사의 정산금도 받지 못해 돈이 없는 거죠.

How: 우리 회사 재무팀에, C업체는 이런 이슈가 있고, 물건은 잘 나가므로, 빠른 리오더를 위해 예외적으로 정산일을 조금 당겨줄 수 있는지 확인해 조치를 취해야 할 것 같습니다. 이와 함께 같은 물건을 납품할 수 있고 자금 흐름이 원활한 또 다른 업체도 찾아보겠습니다.

운명을 바꾸고 싶다면
#생정해

정신없이 바쁘게 지내다 보면 어느 순간 '나는 잘하고 있는 걸까?', '나는 무엇을 위해서 살아가고 있는 걸까?' 이런 질문들을 하게 된다. 그동안 앞만 보고 달려오다 보니 하루하루가 쉴 틈 없이 바빴다.

그런데 2020년 1월, 코로나19로 인해 세상이 멈췄다. 의도치 않게 뜻밖의 시간들이 생겼다. 나는 종종 하늘을 바라보며 삶의 방향에 대해 깊이 생각했다. 내 삶에 대해 이렇듯 진지하게 고민했던 적이 언제였던가?

갓 스무 살, 대학교 1학년, 이제 막 푸르던 시절, 갑작스럽게 아버지가 돌아가셨다. 어머니를 혼자 둔 채 바로 군입대를 해야 했을 때, 삶과 죽음은 무엇인지에 대해 깊이 고민했다.

이후 전역을 하고 돌아와 대학에 복학했다. 당시 시험을 봐야 하는 과목 중 하나가 발달심리학이었다. 발달심리학에는 사람이 태어나서 죽을 때까지의 심리 발달 과정이 담겨 있다. 중간고사 시험공부를 해야 하는 부분에는 공교롭게도 '생의 마지막과 죽음 준비'라는 장이 포함되어 있었다.

어느 날 도서관에서 그 부분을 공부하다가 문득 이런 생각을 했다. '학생들이 시험을 잘 봐야 하는 이유는 뭘까? 좋은 직장에 다니기 위해서다. 그럼 좋은 직장에 다녀야 하는 이유는 뭘까? 다른 사람들에게 인정을 받고 싶기 때문 아닐까? 그렇다면 왜 인정을 받으며 살고 싶을까? 남은 인생을 잘 살고 싶어서다. 그런데 이런 인생이 잘 사는 인생이라는 건 누가 만든 기준일까? 나는 왜 내가 아닌 타인이 정해놓은 기준에 맞춰서 목적지가 어딘지도 모른 채 달려가고 있는 거지? 과연 이게 행복으로 가는 길일까? 시험에서 높은 점수를 받지 않아도, 반드시 좋은 직장에 들어가지 않더라도… 그저 나로서도, 나다운 일을 하면서도 충분히 행복해질 수 있는 방법들이 어딘가에 있지 않을까?'

학기를 마치고 나서, 학과 교수님을 찾아가 잠시 휴학을 하겠다고 말씀드렸다. 내가 원하는 삶이 단순히 대학에 있지만은 않았기 때문이다. 나는 다짐했다. '단 한번뿐인 이 삶 속에서, 내가 진정으로 열정을 가질 수 있는 일을 찾자.' 그리고 학자금을 내 힘으로 갚을 수 있을 만한 능력을 갖출 때까지 학교에 돌아가지 않겠다고 결심했다.

그날 이후 다시 대학교로 돌아가기까지 7년이나 걸렸다. 서른 살이 넘어서야 학교로 돌아가게 될 줄은 그때의 나는 미처 알지 못했다.

휴학을 한 후 평일에는 던킨도너츠에서 아르바이트를 했고, 주말에는 결혼식 사회를 하고 돌잔치 MC 아르바이트도 했다. 이동시간이나 밤시간에는 공부하고 독서하고 강의를 찾아 들었다. 그렇게 주경야독을 하는 상황에서도 꿈을 잊지 않았다. 내 꿈은 나만의 콘텐츠로 책을 써서 작가가 되고, 선한 영향력을 전하는 강사가 되는 것이었다.

이후 생각정리, 말하기, 글쓰기에 대해 본격적으로 관심을 갖게 되었고, 수년간의 연구가 시작됐다. 그 과정에서 깨달은 솔루션을 기반으로 생각정리 콘텐츠를 기획했다. 그때부터 지금까지 '생각정리'라는 한 분야를 미친 듯이 파고들었다.

처음에는 백화점 문화센터에 전화를 걸어, 생각정리 강의를 만들어 나갔다. 강의 포스터를 직접 만들었고, '온오프믹스'라는 인터넷 모임 플랫폼에 공지도 직접 올려 강의를 홍보했다. 불러주지 않으면 찾아갔고, 기회가 없으면 내가 스스로 만들었다. 타인이 만들어놓은 길이 아닌 나만의 길을 개척하기 위해 노력했다.

하루하루를 정말 치열하게 살았다. 그사이 책 3권을 집필했다. 정부기관, 기업, 대학 등에서 연 250회 이상 강의했고, 방송과 라디오에 출연했다. 또 온라인 강의 플랫폼에서의 동영상 강의 영상 제작, 생각정리스킬이라는 콘텐츠에 부합한 이미지를 만들기 위한 바디프로필 촬영 등 콘텐츠로 할 수 있는 거의 모든 영역에 도전했다.

이제 앞으로 또 어떤 것에 도전할 수 있을까? 그다음은 무엇일까?

지금까지 노력해왔듯 계속해서 앞만 보며 달릴 준비를 하고 있었다.

그런데 갑자기 모든 것이 멈춰버렸다….

코로나19로 인해서 하고 있던 모든 활동이 중단된 것이다. 나는 아무것도 할 수 없었다. 그동안 시간을 들이고 노력으로 쌓아온 모든 커리어가 전부 물거품이 되는 것 같았다. 불안이 점점 커져갔다. 하지만 코로나는 멈출 기미가 보이지 않았다.

반년이 지나고 나서야 이제 과거와 완전히 다른 세상이 되었다는 걸, 이제는 이전 세상으로 돌아갈 수 없다는 걸 인정하게 되었다. 포스트 코로나 시대임을 받아들이기로 결심한 것이다.

이 위기를 타파할 나만의 방법은 무엇일지 찾아보기로 마음을 먹었다. 코로나에 대해 자세히 알면 대책을 세울 수 있지 않을까? 관련 도서와 뉴스, 전문 리포트 등을 지속적으로 찾아보았다. 동시에 생각정리스킬을 활용해 나의 상황을 분석하고, 새로운 목표를 세우고, 정신을 바짝 차릴 수 있도록 시간관리를 더 철저하게 했다. 멈춤, 그 무용한 시간을 어떻게 하면 유용한 시간으로 바꿀 수 있을지 고민하며 준비와 실행의 시간을 가졌다.

그 결과, 2020년 하반기부터 상황이 조금씩 나아지기 시작했다. 어떤 면에서는 코로나 이전보다 더 좋아진 부분도 생겨났다. 오프라인 교육에서 온라인 실시간 교육으로 넘어와 진행할 수 있게 되었다. 〈휴넷〉, 〈클래스101〉, 〈MKYU〉 같은 온라인 플랫폼과 협업해 영상 콘텐츠를 직접 기획하고 제작했다. 온라인 자체 플랫폼 〈생각정리클래스〉

를 만들었다. 그리고 코로나19로 인해 어려움을 겪고 있는 분들에게 생각정리스킬 콘텐츠를 통해 실질적인 도움을 드리기 위해 이 책을 쓰게 되었다.

나처럼 코로나로 인해 '위기'에 봉착한 사람이 있을 것이다. 어느 정도 규모가 있는 회사라면 문제를 해결하기 위해서 고액의 비용을 지불하고서라도 컨설팅을 받는다. 하지만 자영업자나 프리랜서 또는 직장인들은 어떤가? 개인이 전문 경영 컨설팅을 의뢰하기엔 경제적 부담이 크다. 그렇다고 마냥 손을 놓고 흘러가는 대로 둘 수는 없다. 코로나처럼 초유의 위기 사태가 발생한 경우, 해결책을 신속하게 찾지 못하면 정신적인 스트레스뿐만 아니라 막대한 경제적 타격을 받게 된다.

그럼 어떻게 해야 할까? 문제를 해결하기 위한 최소한의 방법들을 스스로 알아두어야 한다. 생각정리스킬을 익히면, 문제가 발생했을 때 상황과 목적에 맞는 프레임워크를 활용해 차근차근 해결해나갈 수 있다. 그 방법을 많은 사람들에게 전하고자 이 책을 썼다.

역사를 보면 그 어느 시대에나 위기 속에서 기회를 발견한 승자들이 있다. 그들은 '다음'을 예측하고 '준비'한 이들이다. 그중에는 단계를 뛰어넘어 비약적으로 발전한 이들도 있다. 퀀텀점프Quantum Jump를 한 사람들이다. 나는 당신도 그들 중 한 사람이 되기를 진심으로 바란다.

이런저런 생각이 꼬리의 꼬리를 물다 보면 머릿속은 복잡해지고 마음도 불안해진다. 상황이 막막하고 답답할 때는 머리로만 끙끙 앓지 말고, 이 책을 펼쳐 생각을 정리해보자. 더도 말고 딱 10분만 시간을 투자해보라. 하루에는 144번의 10분이 있다. 그중 단 한번이라도 생각 정리에 사용하는 것이다.

이 책에서 배운 아이디어 기획, 시간관리, 목표설정, 문제해결 중 하나의 주제를 선택해 생각을 정리해보자. 144번 중 한 번의 10분 동안 생각을 정리하면, 나머지 143번의 10분들, 하루의 행동이 바뀔 것이다. 예를 들어, 당신이 아침에 출근하자마자 10분 동안 to do list를 정리한다면, 그로 인해 하루 동안 중요한 일을 하나라도 더 할 수 있게 된다.

퀀텀점프란 불가능한 꿈이 아니다. 하루 10분, 하루 10분, 하루 10분씩 생각을 정리하고 실행하는 그 작은 시간들이 모여 서서히 생각이 발전하는 것이다. 이 말을 기억하라. 생각이 바뀌면 행동이 바뀐다. 행동이 바뀌면 습관이 바뀐다. 그리고 습관이 바뀌면…

운명이 바뀐다!

〖 참고문헌 〗

프롤로그

미국 국립과학재단, 〈Mind Matters: How To Effortlessly Have More Positive Thoughts〉, https://tlexinstitute.com/how-to-effortlessly-have-more-positive-thoughts/

정신의학신문, http://www.psychiatricnews.net

제1장 인생을 바꾸는 생각정리스킬

복주환, 《생각정리스킬》, 천그루숲, 2017
복주환, 《생각정리스피치》, 천그루숲, 2018
복주환, 《생각정리기획력》, 천그루숲, 2019

제2장 당신의 생각을 컨설팅해드립니다

E. Bruce Goldstein, 《인지심리학 : 마음, 연구, 일상경험 연결》, 도경수 외 2명 역, Cengage learning, 2016
하마구치 가즈야, 《저축의 신》, 김지영 역, 다산북스, 2015
닉 크레이그, 《목적 중심 리더십》, 한영수 역, 니케북스, 2019
글로비스 경영대학원, 《경영전략 매뉴얼》, 이현욱 역, 새로운제안, 2020
사이토 요시노리 《맥킨지식 전략 시나리오》, 서한섭 역, 거름, 2003
김동철, 서영우, 《경영전략 수립 방법론》, 시그마인사이트컴, 2008

제3장 당신의 아이디어를 정리해드립니다

토니 부잔, 《토니 부잔 마인드맵 마스터》, 서현정 역, 미래의창, 2019
댄 로암, 《생각을 말하는 사람 생각을 그리는 사람》, 황혜숙 역, 웅진씽크빅, 2012
양현, 김영조 외 1명, 《서울대 합격생 100인의 노트 정리법》, 다산북스, 2011

오타 아야, 《도쿄대 합격생 노트 비법》, 김성은 역, 중앙북스, 2010

제4장 당신의 시간을 정리해드립니다

나가타 도요시, 《시간단축기술》, 정지영 역, 스펙트럼북스, 2011

이지성, 황희철, 《하루관리》, 차이:문학동네, 2015

가바사와 시온, 《신의 시간술》, 정지영 역, 리더스북:웅진씽크빅, 2018

가바사와 시온, 《당신의 뇌는 최적화를 원한다》, 오시연, 쌤앤파커스 2018

스티븐 코비, 《성공하는 사람들의 7가지 습관》, 김경섭 역, 김영사, 2017

삼성경제연구소 시간관리연구팀, 《일, 시간, 성과》, 삼성경제연구소, 2020

제5장 당신의 목표를 정리해드립니다

주식회사 앤드, 《비즈니스 프레임워크 도감》, 신상재 역, 로드북, 2020

피터 드러커, 《경영의 실제》, 이재규 역, 한국경제신문 한경BP, 2006

최성재, 《생애설계와 시간관리》, 서울대학교출판문화원, 2020

이민규, 〈꼭 실천하고 싶다? 일단 공개선언부터 해라〉, 동아비즈니스리뷰, 2013

제6장 당신의 문제를 정리해드립니다

국가직무능력표준(NCS, National Competency Standards) 공식홈페이지 자료, https://ncs.go.kr/th03/TH0302List.do?dirSeq=123

사이토 요시노리, 《맥킨지식 사고와 기술》, 서한섭, 이정훈 역, 거름, 2003

다카다 다카히사, 이와사와 도모유키, 《일 잘하는 사람들은 어떻게 문제를 해결하는가》, 김혜영 역, 트러스트북스 2016

이호철, 《Mckinsey 로지컬 씽킹 174》, 한솜미디어, 2019

데루야 하나코, 오카다 게이코, 《로지컬 씽킹》, 비즈니스북스, 2019

#생정해